JN248574

部活で

差がつく!

勝つソフトボール

必勝のポイント50

VONDS市原ソフトボールクラブ監督
元木更津総合高等学校ソフトボール部監督
渡辺和久 監修

メイツ出版

はじめに

ソフトボールは1996年のアトランタオリンピックで、初めて正式種目になりました。2008年の北京では悲願の金メダルを獲得するも、2012年のロンドンでは競技種目から外され、2020年の東京オリンピックは久々に競技種目として採用されました。

この間、ソフトボールの環境は変化しつつも、中学、高校の部活動や実業団、クラブチームなどでソフトボールは未だ根強い人気を保っており、選手たちは日々うまくなるために、厳しい練習に汗を流しています。

そのなかで強いチームをつくり、日本一を目指すためには、いたずらに長い時間を練習にかければいい、とは考えていません。短い時間でも密度の高い練習に集中して取り組むことを大切にしています。

それを実践するには部活動としてのさまざまな取り組みが必要です。練習前の準備や移動、片付け、練習と練習の切り替えを選手全員が協力して行なうことが大事です。

この本では、ソフトボールの基本的な技術から試合で役立つ戦術のコツを丁寧に解説しています。木更津総合高校ソフトボール部の日頃の活動ノウハウも一部紹介しておりますので、「勝つために何をすればよいのか」という疑問についてのヒントにしていただけたらと思います。

この本が部活動で一生懸命ソフトボールをがんばっている生徒たちの指針となってくれれば幸いです。

元木更津総合高等学校ソフトボール部監督
VONDS市原ソフトボールクラブ監督
渡辺　和久

この本の使い方

本書は2014年発行の『部活で大活躍できる!ソフトボール最強のポイント50』を基に加筆・修正を行ったものです。

この本では、ソフトボール部で活躍するためのポイントを50紹介しています。ピッチングや守備、バッティング、走塁のテクニック、さらにポジションごとの役割に至るまで、ソフトボールをマスターするための知識やポイントを一通り網羅しています。

最初から読み進めていくことが理想ですが、自分が特に知りたいと思うところだけを読んで身につけることも可能です。ポイントは原則として2ページにひとつ紹介されています。各ページには、テクニックを習得するためのコツがあげられていますので、みなさんの理解を深めるための手助けにしてください。また木更津総合ソフトボール部が、実践している練習法も紹介しています。練習メニュー作成の参考にしましょう。

タイトル
このページでマスターするポイントと、テクニックの名前などが一目でわかるようになっている。
CHECK POINT
ポイントをマスターするための注意点を紹介している。取り組む際は、常に意識して行おう。
ポイント01
強豪校の練習メニュー
限られた時間で効率よく練習する
CHECK POINT
1 相手のことを考えてプレーする
2 複数のマシンで打撃練習する
3 ベースランニングでチームの一体感を増す
レギュラー、補欠の区別なく練習に全員参加する
木更津総合ソフトボール部では、放課後16時から3時間程度が練習時間となっている。朝練習を行うことで授業への悪影響を考慮し、朝練習は行なわない方針だ。全国トップレベルの強豪校にしては、練習時間が短いと感じるかもしれないが、それを補う密度の濃い練習が効率よく行なわれているのだ。
また練習前の準備や実際の練習において
16
解説文
コツを理解するうえで必要な知識を解説。読んでしっかり頭に入れよう。

コツ

うまくテクニックを行うためのコツを、写真を使って紹介している。

コツ 1

相手のことを考えてプレーする

最も特徴的な練習のボール回しは、全員が参加し、それぞれが内野のすべてのポジションで練習する。そうすることでボールスキルはもちろん、ステップなど体の動かし方も身につく。また自分のポジションを客観的に観ることができ、実戦でも相手のことを考えてプレーすることができる。

コツ 2

複数のマシンで打撃練習する

バッティング練習では、トスやフリーでの練習に加え、マシンを使った練習を行う。マシンでのバッティング練習は複数個所で行い、短時間に大人数が練習できる環境を整えている。またマシンでのバント練習などは目標物のコーンを置き、ピッチャーに捕球させることをテーマに練習する。

コツ 3

ベースランニングでチームの一体感を増す

オフシーズンには足り込みなどのトレーニングをすることもあるが、毎日の練習の最後にベースランニングを行う。全員が４つのグループに分かれてリレー形式でスピードを競う。ベースランニングの上達だけでなく、選手個々のコンディションを確認したり、チームの一体感が増す練習だ。

プラス 1 アドバイス

自主練習でライバルに勝つ

木更津総合ソフト部の練習は、全員参加が基本のため、個人で足りないと感じる技術については自主練習で対応する。これは全体練習の後にある練習時間だが、個人のスキルアップには欠かせない。しっかりテーマを持って取り組むことで、ライバルに差をつけることができる。

17

ができ、「ただ見ているだけ」という無駄な時間が存在しない。またレギュラーやベンチ、補欠などの区別なく練習に参加できるため、誰もが手を抜くことなく、常にモチベーションを高く維持できるのだ。

プラスワンアドバイス

気をつけるべきポイントなどをアドバイスしている。さらなるレベルアップに役立てよう。

CHIBA
Kisarazu
51

PART 4
チームバッティングで相手に勝つ

PART 5
ポジション別の守備

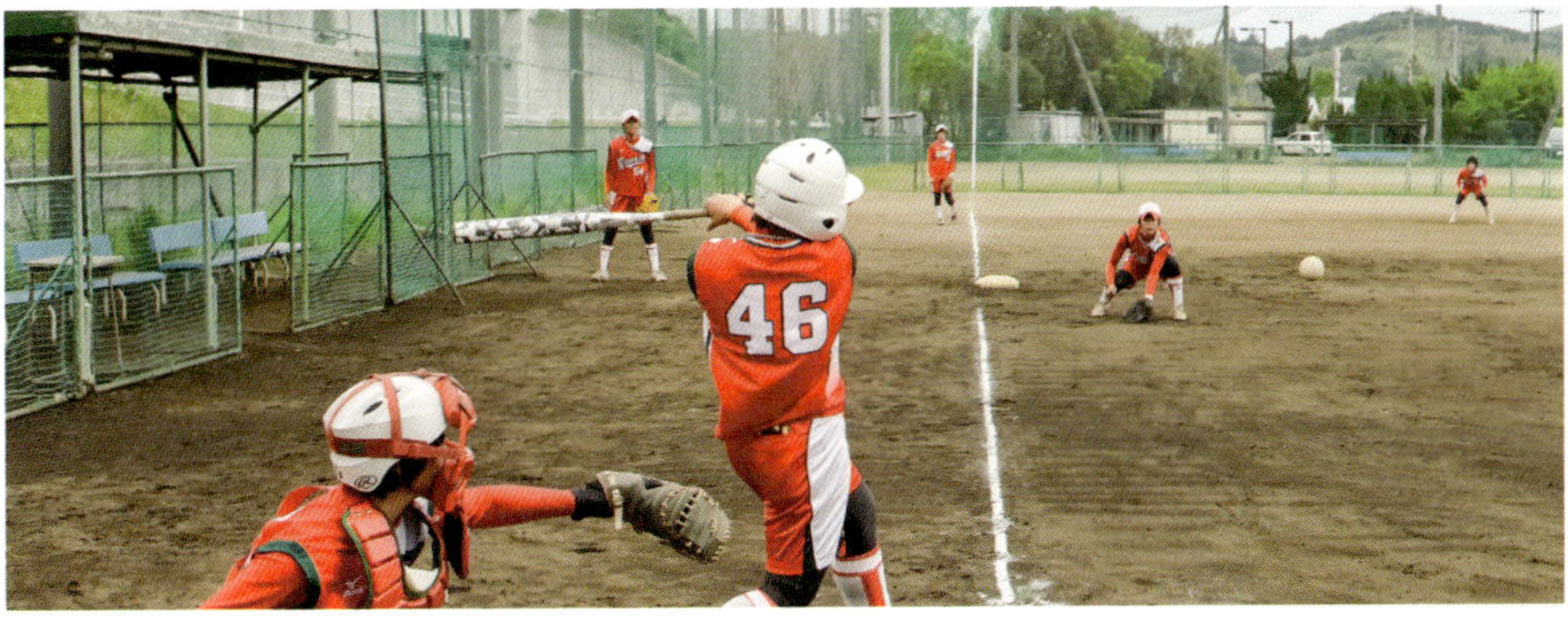

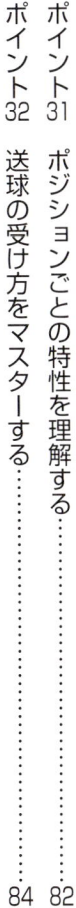

PART 6 機動力で得点をアップする

PART 7 コンディショニング・トレーニング

PART 1 強豪校の部活動

ポイント00

ソフトボールを通じて成長する

監督が考える強豪校の強さの秘訣

ソフトボールを通じて人間性を成長させる

私が部活動で指導するうえで大事にしていることは、もちろん「ソフトボールを頑張ってほしい。上手くなってほしい。強くなってほしい。勝ってほしい」という気持ちもありますが、それ以上に大切にしていることは人間性です。人間性を成長させて、大人になって社会に出たときに通用する人間、みんなから好かれる人間、みんなの役に立つ人間になろうというのが大切で、それを「ソフトボールを通じて学ぼう」というように生徒たちに指導しています。

ソフトボールを主にやるのは高校生のときですので、実業団や大学に行ったときのことを考えてもトータルで10年くらいです。中には高校を卒業したらソフトボール辞めてしまう生徒もいます。

平均寿命が世界一の長寿国といわれる日

本では、女の人の平均寿命は86，7歳なので、90歳まで生きるかもしれないと保健の授業で教えています。その場合、残り70年も「人間として頑張らなければいけない」という長い年数があります。

ソフトボールをやることは大切ですが、とにかく人間性を成長させよう、学ぼうというのが基本的な私の考えです。「人間性が成長することによって、ソフトボールも上手になるんだ」と、選手には日頃から話をしています。

規則正しい生活を送ることがソフトボールにとって重要

学校には寮があるので、生徒たちの私生活の一部を見ることができます。生活指導の面では、人間性の中のひとつにもあると思うのですが、しっかりとした挨拶をする、きちんとした礼儀を身につける、敬語を使って目上の人と話をするように、ということを指導しています。きちんとした学校生活、寮生活を送ることがソフトボールにはものすごく通ずるものがあるのです。

「全員でやる」ことが人間関係を良好にする

部活動において上下関係というのは、必ず存在します。得てして女子の部活動は上下関係が厳しかったり、人間関係のトラブルで部活動が嫌になってしまうという子が多いのではないかと思います。

もちろん最低限の上下関係は必要ですが、あまりソフトボールに関係のないような上下関係は極力持たないようにと指導しています。この指導により上級生も下級生ものびのびと、よい関係、明るい関係、楽しい関係、そういった上下関係を築いているので、本当に下級生がのびのびとプレーできたり、練習できていると思います。道具の準備も全員で行う、全員で片付ける、トイレの掃除も順番に全員で行います。何でも「全員でやる」というのが私の考えなので、チームの人間関係というのは良好だと思います。

生徒たちに「三感」を味わってもらいたい

選手たちはソフトボールで頑張っている仲間なので、ソフトボールで勝ちたい、日本一になりたいというのが目標です。それと同時によく「三冠」という言葉が高校スポーツ界では使われます。春の全国選抜、インターハイ、そして国体。この3つの主要な大会が「三冠」ですが、私が常日頃言っているのは「感激・感動・感謝」この3つの「感」、つまり「三感」を生徒に味わってもらうというのが一つの目標です。特に「感謝」というのは、勝った後に大きく湧き上がってくるものだと思っているので、その「感謝」の気持ちをお父さんやお母さん、まわりの人たちに持ってもらうためには、勝つことが重要だと考えています。

練習は集中して取り組み短時間で成果を上げる

練習については、長い時間をダラダラとかければ強くなるとは考えていません。短い時間でも、よい練習を集中してしっかりと取り組む。このことによって成果を上げるということを大切にしています。ただし、練習時間がただ短ければよいということではありません。準備も移動も片付けも、練習と練習の切り替えも、みんなが協力してスピーディーに行い、つめられる時間は極力つめ

て余計な時間を省くということを心がけています。

練習メニューも長くダラダラと同じ練習が続かないように、よいメニューを、よいサイクル、よいタイミングで切り替えて、選手たちの集中力が切れてしまわないようにしています。短い時間に効果を出す、成果を上げるようなやり方で練習に取り組んでいます。

アンテナを高くして生徒たちの状況を把握する

生徒たちとは24時間一緒にいる訳ではないので、日常生活では私の見えない部分がありますですが、いろいろなことを話し合ったり、相談に乗ったり連絡を取り合ったりしながら、極力アンテナを高くすることで、生徒たちの中で起きていることや、体調の面を把握できるようにはしています。

選手の登録が近くなったり、大会が近くなったりすると、選手は「どうしても試合に出たい。メンバーになりたい」という気持ちから、ケガをしている部分を隠す場合もあります。それは毎日の練習を見ていれば、「ちょっと肩の動きが変だぞ」とか「走り方が変だぞ」と、分かるものです。そういうことは見落とさないようにして、「もしかしたら足痛いのか?肩痛いのか?」と声を掛けています。選手が隠そうとしても、ケガや不調を見抜けるようになっているつもりです。

複数のポジションを経験させそこから適性を見つけ出す

ポジションの適正を見抜くことは、監督力の一つだと思います。「この子はこのポジションに合っている」「この子はこういう動きが得意なので、コンバートした方がよいだろう」というのは、毎日練習を見ている中でしっかりと考えて、選手にアドバイスをして、コンバートするようにしています。

ポジションについては、そのときの状況、ケースバイケースで変えたりしますが、基本的には本人が得意としているポジションをやらせてみます。そのうえで、より適したポジションがあれば、そちらへ回してみます。けれど、一つのポジションにこだわらず、私の場合は2つ3つのポジションを練習の中でやらせてみて、適性を見つけ出すという方法で行なっています。

違うポジションをやることでそれぞれの大切さを知る

複数のポジションをやることによって、違うポジションの難しさ、大切さが分かると思います。そのためにも、あえて違うポジションにつけて練習させます。

たとえばダブルプレーの場合、サードしかやったことがない選手は、おそらく「ベースの上に投げればよいのだろう」という気持ちでしょうが、セカンドをやってみると実際にダブルプレーを完成するためには、「ボールをここでもらった方がいい、高さもこのへんの方がファーストに投げやすい」ということが、セカンドをやることによって分かります。そういう意味でも、サードの選手にあえてセカンドをやらせるとか、ファーストをやらせるというような練習を行っています。

「気持ち」を充実させて日本一を勝ち取る

伸びる選手がほかの選手と違う点は、いろいろな要素があると思いますが、一言で言えば「気持ち」です。ソフトボールに対する気持ち、考え、取り組む姿勢、こういうことがものすごく選手を成長させます。逆にマイナスを負ってしまうと、心の成長過程において悪影響になります。とにかくソフトボールに取り組む気持ち、モチベーションというのは大切な要素だと思います。

技術はかなり練習をすれば上がると思いますし、体力もかなりつくと思います。ただ、精神力、つまり「心」という部分では、本当に成長する、強くなるというのは、なかなか難しいものではないかと経験上思います。

ただ、心を強くしない限りは勝利は成し得ないです。日本一というのは日本中でたった一チームしかなれない名誉なことですので、それを勝ち取るには「気持ち」が充実した選手、そんな選手たちのいるチームになる必要があると思います。

全選手が参加するボール回し

通常のボール回しは、ひとつのポジションに1選手が基本だが、木更津総合では全選手が参加して行なう。123ゴロの捕球から6-4-3(または4-6-3)のダブルプレーを完成し、4ファーストからサードへ転送、5最後はバックフォームに投げる。それぞれポジションは入れ替わり、全選手があらゆるポジションを経験できるようになっている。

ポイント01

強豪校の練習メニュー

限られた時間で効率よく練習する

CHECK POINT

1 相手のことを考えてプレーする
2 複数のマシンで打撃練習する
3 ベースランニングでチームの一体感を増す

レギュラー、補欠の区別なく練習に全員参加する

木更津総合ソフトボール部では、放課後16時から3時間程度が練習時間となっている。朝練習を行うことで授業への悪影響を考慮し、朝練習は行なわない方針だ。全国トップレベルの強豪校にしては、練習時間が短いと感じるかもしれないが、それを補う密度の濃い練習が効率よく行なわれているのだ。

また練習前の準備や実際の練習においても、全員参加で行うことを基本としている。そのため全員がボールに集中することができ、「ただ見ているだけ」という無駄な時間が存在しない。またレギュラーやベンチ、補欠などの区別なく練習に参加できるため、誰もが手を抜くことなく、常にモチベーションを高く維持できるのだ。

コツ1 相手のことを考えてプレーする

最も特徴的な練習のボール回しは、全員が参加し、それぞれが内野のすべてのポジションで練習する。そうすることでボールスキルはもちろん、ステップなど体の動かし方も身につく。また自分のポジションを客観的に観ることができ、実戦でも相手のことを考えてプレーすることができる。

コツ2 複数のマシンで打撃練習する

バッティング練習では、トスやフリーでの練習に加え、マシンを使った練習を行う。マシンでのバッティング練習は複数個所で行い、短時間に大人数が練習できる環境を整えている。またマシンでのバント練習などは目標物のコーンを置き、ピッチャーに捕球させることをテーマに練習する。

コツ3 ベースランニングでチームの一体感を増す

オフシーズンには足り込みなどのトレーニングをすることもあるが、毎日の練習の最後にベースランニングを行う。全員が４つのグループに分かれてリレー形式でスピードを競う。ベースランニングの上達だけでなく、選手個々のコンディションを確認したり、チームの一体感が増す練習だ。

プラス1アドバイス

自主練習でライバルに勝つ

木更津総合ソフト部の練習は、全員参加が基本のため、個人で足りないと感じる技術については自主練習で対応する。これは全体練習の後にある練習時間だが、個人のスキルアップには欠かせない。しっかりテーマを持って取り組むことで、ライバルに差をつけることができる。

ポイント02

チームの意思統一

同じ目標に向かって努力する

CHECK POINT

1. 監督が練習メニューを考え実践する
2. 練習を通じてチームの一体感を上げる
3. 練習前後の準備片づけは全員で行う

日本一を目指して全員で生活する

木更津総合ソフトボール部の目指すところは「日本一」だ。当然、集まっている選手も日本一を目指してソフト部の門を叩く。セレクションなどはなく、希望すれば入部することができるのが特徴だ。選手たちは寮に入り、生活を共にする。必要以上の上下関係もない自由な雰囲気がある。

日常生活のなかでやらなければならない雑務はもちろん、**学業、そしてソフトボールに全力で向き合い、社会に出ても通用するための人間力を養う。**

シーズンは三月末から十一月まで、その間に大きな大会があり、どこにピークを持っていく、というような調整は行なわない。十二月以降の試合はないが練習は継続して行なうため、実質的なオフはないといっていい。

コツ 1
監督が練習メニューを考え実践する

練習メニューは監督が考え、練習前のミーティングで選手に伝える。創成期は長時間で厳しい練習を強いることもあったが、現在は効率を重視して、短時間で全員が練習に参加できるメニューとなっている。練習を通じて選手のコンディションをチェックするのも監督の役目だ。

コツ 2
練習を通じてチームの一体感を上げる

チーム全体の一体感を上げるため、ときにはゲーム的な要素を練習に取り入れる。例えばベースランニングではチーム別対抗にして、負けたチームには罰ゲームで軽い筋力トレーニングをさせる。これはチーム内に必要以上の上下関係を持ち込まないことにも役立つ。

コツ 3
練習前後の準備片づけは全員で行う

練習前後の準備や片づけにも、全員で取り組むことが大切だ。下級生まかせやレギュラーの特別待遇があっては、チームはまとまらない。また効率面を考えても、全員で準備や片づけをした方がスピードアップする。実践してみよう。

プラス1アドバイス

目印を置いて実戦をイメージする

練習においては、いかに実戦を意識するかが大切だ。ただ漫然と練習するだけでは意味がない。ボール回しやバント練習でもパイロンなどの目印を置いて、ランナーや相手野手をイメージしてプレーすることが大切。練習を通じて基本に忠実なプレーが身につく。

Column

足にフィットするシューズを選ぶ

ソフトボールはピッチングやバッティングの動作から、腕や肩など上半身の動きに目がいきがちだが、フットワークも非常に重要といえる。軽快なフットワークを実現するには、シューズを慎重に選ぶことが大切である。

シューズを選ぶときのポイントは、しっかり自分の足にフィットしていること。そうすることで、捻挫などのケガを防止することができる。また、試合に出場する際、同一チームの監督、コーチ、選手は同色のシューズを履く決まりがあるので、購入の際は注意しよう。

スポーツ用品店の中には、ソフトボールの選手向けのシューズやスパイクを取り扱っているところがある。必ずプレーをするときの靴下を履き、試し履きをしてから自分の足にフィットするシューズを購入しよう。

PART 2 エースをつくる

ポイント 03

ピッチャーの重要性

エースが守りの要となる

CHECK POINT

1. 投球方法は三種類あり、ウインドミルが一般的
2. 人差し指と中指を縫い目にかけ、ほどよい強さで握る
3. ピッチャーズプレートは両足でしっかりと踏む

ソフトボールのピッチャーは特に重要なポジション

ソフトボールにおけるピッチャーは、試合の勝敗のポイントのほとんどを占めているといわれるほど重要なポジションである。バッターに対する投球はもちろんのこと、ダイヤモンドの中心に位置するため、守備の要としての役割も担う。それだけチームの負担がかかる分、体力だけでなく強い精神力も必要とされる。

投球方法はいくつかあるが、狙ったコースへしっかりと投げ込むコントロールをつけるためには下半身強化が必須。また、力強いスピードボールや、バッターのタイミングをずらしたりする変化球も必要だ。

投球の準備中や動作中に違反があるとボークを取られてしまうので、投球のルールやプレートの使い方の基本をしっかりマスターしておこう。

コツ 1 投球方法は三種類あり ウインドミルが一般的

ボールの投げ方は三種類。腕を風車のように一回転させて投げるウインドミル、腕をいっぱいまで後ろに引いてから振りおろすスリングショット、腕を８の字を描くように回してバッターを幻惑するフィギア・エイトだ。最近はウインドミルが主流で、フィギア・エイトはほとんど使われていない。

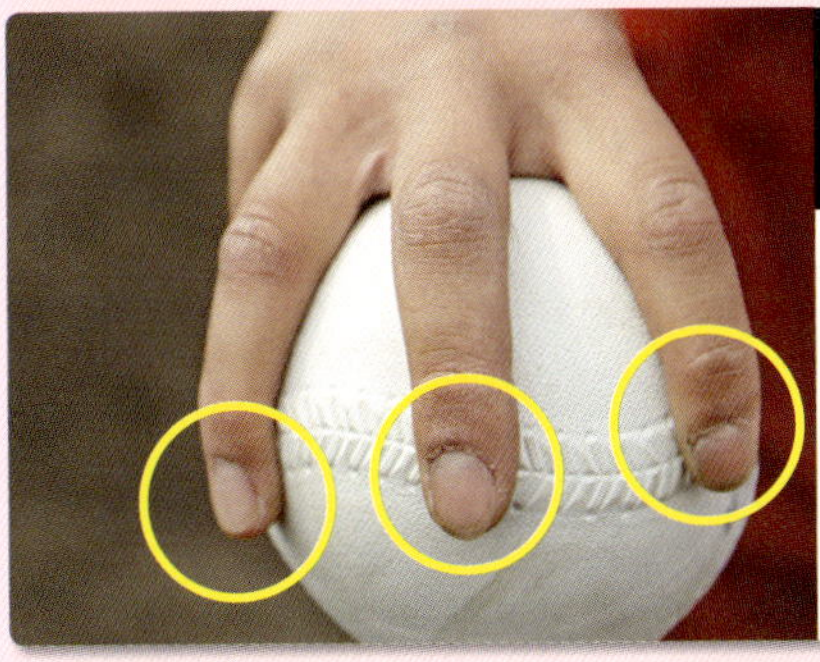

コツ 2 人差し指と中指を縫い目にかけ ほどよい強さで握る

ボールの縫い目に対して直角に、人差し指と中指をかけ、反対側の縫い目に親指をかけて握る。薬指と小指は軽く曲げ、薬指の横腹で支えるようにして軽く添える。強く握り過ぎず、手のひらとボールの間に少し隙間ができるくらいがベスト。手が小さくて握りづらい場合は、薬指も縫い目にかけてよい。

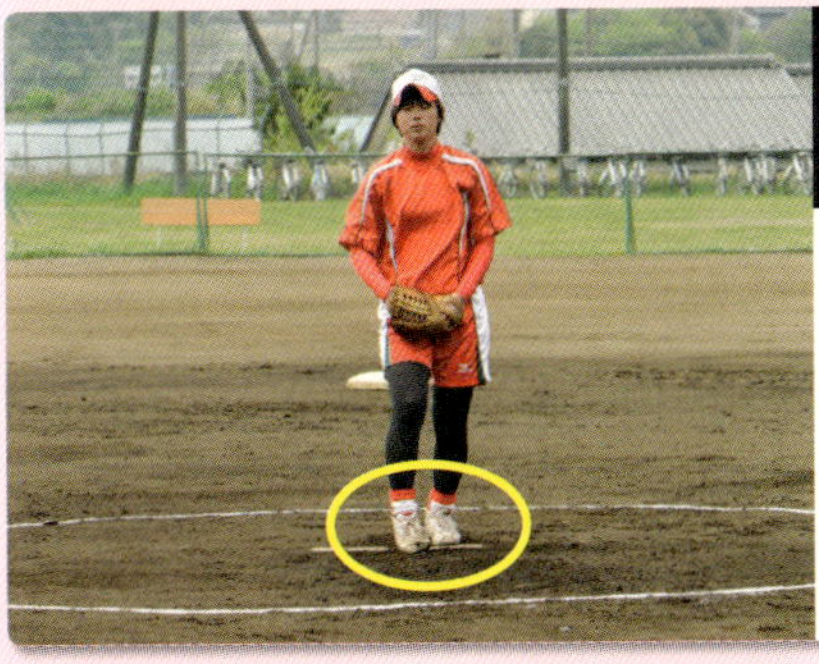

コツ 3 ピッチャーズプレートは 両足でしっかりと踏む

投球動作に入る前には、両足でしっかりとプレートを踏み、２～10 秒間静止しなければならない。プレートに両足がのっていればどこを踏んでも構わないが、片足が前や横にはみ出していたり、投球の際に踏み出した足がプレート前方の延長線内から外れたりしてしまうと不正投球となってしまう。

プラス 1 アドバイス

ミットを見つめたら 決して目をそらさない

プレートを踏んで投球準備動作に入ったら、キャッチャーミットを凝視すること。投球動作に移って投げ終えるまで、しっかりとミットを見続けるだけでコントロールの精度がだいぶ違ってくるはずだ。前に出している軸足のヒザは、軽く曲げておくと投球動作に移りやすい。

ポイント04

ウインドミル投法①

腕を一回転させて投げる

CHECK POINT
1 リラックスしつつも効率の良い姿勢で構える
2 球種や人によってステップ幅は変わる

鳥が羽ばたくイメージでダイナミックに投げる

現在ではほとんどのピッチャーが使っているウインドミル投法。腕を大きく回してダイナミックに投げ込む姿が「風車」のように見えることからその名前がついた。

まずはキャッチャーに対して正面を向いて構える。やや後ろ足にかけていた重心を前足に移しつつ、ボールを持った腕を後ろに引く動作に入る。このとき、グラブを持った腕は正面に振り上げる。後ろ足を前にステップしつつ、後方にある腕を前方方向にぐるりと一回転させてから投げ、リリース時の体の向きはキャッチャーに対して半身になること。

トップレベルのピッチャーになると時速100㎞を超えるスピードを記録し、野球で体感するところの150㎞以上のボールになる。

コツ 1 リラックスしつつも効率の良い姿勢で構える

投球動作に入る前の構えのポイントは、リラックスすること。腕や肩に力が入り過ぎないよう、体の前方で両手を構える。両足は肩幅よりやや狭く構え、後ろ足に重心を置く。ステップの際に体重移動がスムーズに行えるよう、ヒザは軽く曲げておく。

コツ 2 球種や人によってステップ幅は変わる

ステップする足は、キャッチャー方向へまっすぐ踏み出す。ステップの幅は個人差があるが、7～8歩くらいの幅でステップする人が多いようだ。ストレートやライズボールの場合は力強く大きく、落ちるような変化球はステップ幅を小さくして高い位置からリリースするようにするとよい。

ポイント 05

ウインドミル投法②

ストレートの速さに磨きをかける

CHECK POINT

1. 遠心力をうまく使って腕を速く回転させる
2. ブラッシングリリースでワンランク上のボールを投げる
3. リリースの瞬間まで上体を開かない

速い腕の振りとブラッシングでスピードボールを投げる

ウインドミルでスピードのあるボールを投げるには、当然腕を早く回転させる必要がある。しかし、やみくもに腕を振り回すだけでは、キレのあるスピードボールは投げられないし、コントロールも安定しない。投球準備動作からの一連の流れで効率よくからだを使い、なるべく大きく腕を振るように心がけよう。

より速いスピードボール、よりキレのある変化球が投げられるだけでなく、マスターすればコントロールも安定するブラッシングリリース。接触部分のケガなどの不安も付きまとうが、ボールを投げない日を作るなどのケアをし、より良いピッチャーになれるような可能性を追求したい。

コツ1 遠心力をうまく使って腕を速く回転させる

ウインドミルでの腕の回転の速さは、当然スピードボールにもつながってくる。投球動作に入ったら、後ろいっぱいに引いた腕を振りおろす反動と、上体のバネを使って大きく腕を振り上げる。そして胸を張り、遠心力を最大限に生かすように大きく腕を回転させて投球する

コツ2 ブラッシングリリースでワンランク上のボールを投げる

ボールを持った腕を腰付近に接触させて投げる動作をブラッシングリリースという。きれいなタテ回転のストレートやキレのある変化球を投げるためのポイントとなる。ヒジ下の筋肉部分を、腰骨の前側にぶつけることによって、腕の振りを加速させる。その際、手首が早く返り過ぎないように注意。

コツ3 リリースの瞬間まで上体を開かない

リリースの瞬間は、バッターに対してからだを正面に向けるようになる。このとき、早い段階で上体を開いてしまうと、バッターにボールがよく見えて打ちやすくなってしまうだけでなく、ためていたパワーが分散して力強いボールが投げられなくなってしまう。

プラス1アドバイス

勢いよく飛び出したら足の裏全体で着地する

軸足でプレートを蹴るようにして飛び出したら、しっかりと前足で着地すること。どんなに勢いよくステップすることができても、着地の形が崩れてしまってはよい投球はできない。足の裏全体を使って着地するのがポイントとなる。ステップ幅が大きすぎてもよい着地はできない。

ポイント06

腕を引いてから振り下ろす

スリングショット

CHECK POINT

1 なるべく高く腕を上げ、大きなパワーをためる
2 ステップ幅を大きくとり、重心を低くして投げる

ゆっくりとためたパワーを一気に爆発させる

スリングショットは、ソフトボールのピッチャーの基本ともいわれている投法だが、ウインドミルが主流であるため、最近ではほとんど見かけなくなった。腕を大きく後ろに引き込み、その反動を利用して投げることから、パチンコといわれるY字型の投石器が名前の由来となった。

投球準備動作に入ったら、ボールを持った腕をゆっくりと後ろに引いてパワーをため、ステップしつつ腕を振りおろして投球する。

ウインドミルに慣れてしまったバッターのタイミングを狂わすには有効だが、ボールのスピードや変化球の投げやすさはウインドミルに大きく劣る。

コツ ① なるべく高く腕を上げ大きなパワーをためる

Y字型のパチンコをイメージして、ゆっくりと腕を後ろに引く。腕の上がる限界まで振り上げるのがより速いボールを投げるコツだが、地面に対して90度くらいの位置が目安。これと同時に、グラブを持っている手も前方に上げていき、投球と同時に反動をつけるように振りおろすとよい。

コツ ② ステップ幅を大きくとり重心を低くして投げる

ボールを持っている腕を振りおろしながら、重心を落として投球する。前にステップした足のヒザの角度は90度くらいに曲がり、後ろ足は地面のスレスレを通るくらいまで重心を低くして投げるとよい。そのためには、ステップする幅もやや大きめになる。

ポイント07

変化球でバッターのタイミングをずらす

変化球をマスターする①

CHECK POINT

1. ストレートよりも指の間隔を広めにする
2. リリースの瞬間に手首を内側に捻る
3. チェンジアップは手のひら全体で押し出す

左右の変化のスライダーとタイミングをはずすチェンジアップ

どんなに速いスピードボールが投げられるピッチャーでも、それ一本でバッターを打ち取るのは至難の業だ。左右高低の変化やスピード差のある変化球を織り交ぜてからこそ、スピードボールが生きてくる。

右ピッチャーの場合、バッターに対して左側に曲がっていくボールがスライダーになる。右バッターはボールが逃げていき、左バッターはインコースに食い込んでくる形になる。スピードが遅ければ、その分変化量も多くなる。

チェンジアップはスピードが遅く、バッターの意表をつくためのボールである。どの変化球でもいえることだが、このボールの場合は特にストレートと同じフォームで投げるように意識すること。

コツ 1 ストレートよりも指の間隔を広めにする

スライダーを投げるときのボールの握り方は基本的にストレートと似ていて、指と指の間隔を広めにとるようにする。人差し指を軽く内側に曲げる感じで中指との間隔を広くし、ボールの縫い目にしっかり指をかけるようにすると回転がかけやすい。

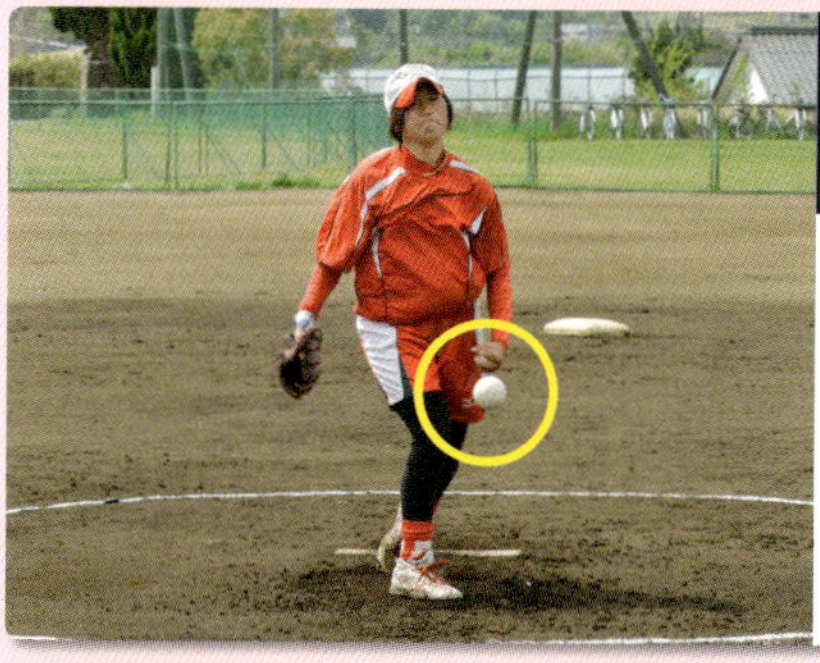

コツ 2 リリースの瞬間に手首を内側に捻る

バッターの打つポイントをずらすような大きいカーブを投げるポイントは、手首の捻りにある。腕が前に踏み出した足を通過するあたりで、手首を内側に捻るようにしてボールをリリースする。ボールの回転から空気抵抗が生まれ、バッターの手元で鋭く変化するボールになる。

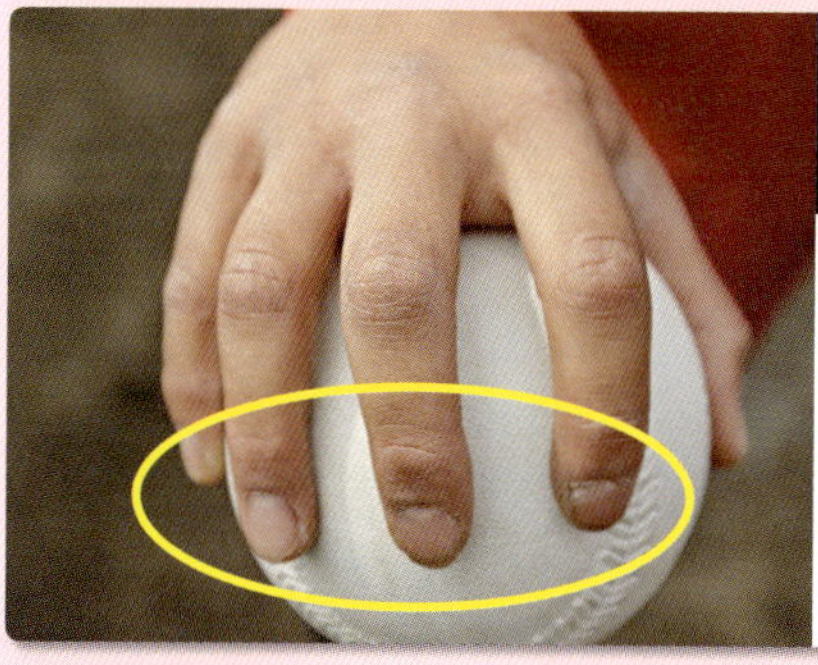

コツ 3 チェンジアップは手のひら全体で押し出す

チェンジアップはストレートと同じような握りになるが、親指と小指に力を入れて挟み、あとの三本の指は軽く添える感じになる。ストレートと同じ投球動作で投げ、リリースの際は手の甲をバッターに向け、手首を起こして手のひら全体でボールを押し出すようにする。

プラス 1 アドバイス

チェンジアップはバッターに読まれてはならない

スピードボールに目が慣れたバッターに対して投げるには効果抜群のチェンジアップだが、来るのがわかっているとただの打ちやすいスローボールになってしまう。そのためには投球フォームだけでなく腕の振りもストレートと同様にし、リリースするまで球種がわからないようにするのが大切だ。

ポイント08

高低でバッターを打ちとる

変化球をマスターする②

CHECK POINT

1. 手首を下側に捻りボールに回転をかける
2. バッターは打ちづらいがキャッチャーは捕りづらい
3. 手首を捻り上げて浮き上がる回転をかける

高低に変化させてバッターを打ち取る

変化球には、左右に変化するボールやスピード差のあるボールだけでなく、高低に変化するボールもある。バッターを打ち取りやすいボールではあるが、手首やヒジに負担がかかる場合もあるので、ケガをしないように日ごろのトレーニングで鍛えておくこと。

ドロップはバッターの手元で沈むように変化し、空振りを奪ったり内野ゴロに仕留めたりするのに有効。ほかの球種よりステップの幅を狭くし、高い位置からリリースするようにするとより打ちづらいボールになる。

ライズボールはドロップとは反対にバッターの手元で浮き上がる。このボールも空振りを奪ったりポップフライに打ち取ったりするには有効なボールといえる。

コツ1 手首を下側に捻り ボールに回転をかける

ドロップはストレートよりもやや浅めに握る。リリースの瞬間、カーブは内側に手首を捻るが、ドロップの場合は下側に捻って前進するタイヤのような回転をかける。ヒジをボールの上にかぶせるように意識し、人差し指と中指で強い回転をかける。

コツ2 バッターは打ちづらいが キャッチャーは捕りづらい

ドロップは簡単に空振りを奪いやすい反面、ワンバウンドになりやすいため、キャッチャーが捕れずに後逸してしまう危険性もある。そのため、サインなどでバッテリーのコミュニケーションをとっておくこと。また、狙った場所にコントロールできるようマスターしてから試合で使うとよい。

コツ3 手首を捻り上げて 浮き上がる回転をかける

ライズボールは、人差し指と中指の間隔を大きく空けてボールの縫い目にかけ、親指は下に添えるようにして握る。リリースの瞬間は手首の甲を下に向け、小指から順に時計回りに捻り上げるようにして、ドロップとは逆方向の回転をかける。人差し指で押し出すイメージ。

プラス1アドバイス

ライズボールは本当に浮き上がる

野球でいうホップするボールは、ピッチャーがボールを離した瞬間の始速と、バッターの手元に来たときの終速の差が小さいために「浮いているように見える」ボールであるが、ソフトボールにおけるライズボールは、実際に上方向に変化する「浮くボール」なのである。

ポイント09

実戦を意識してキャッチボールする

木更津総合のキャッチボール

ヒジが下がった状態でスローイングすると、リリースポイントが安定せず、肩やヒジを痛める原因となってしまう。捕球したら、まずヒジを持ち上げ、腕を回してから送球動作に入るようにする。そうすることで、ヒジの位置が自然と高くなり、理想的なトップポジションからボールを投げることができる。ウォーミングアップ時に行うキャッチボールでも意識して取り組むとよいだろう。

送球が安定しない理由に、腕だけで投げてしまうことがあげられる。そういう選手は肩を中心に投げる動作を意識しよう。ボールを捕球したらすばやく握り変え、その状態で両腕を八の字に回してみる。そうすることで、肩をスムーズに回すことができ、送球動作に入ることができる。またどんな位置で捕球しても一連の動作として、リズムよく動作に入ることができれば、送球エラーの確率はぐっと低くなる。

意図して悪送球を投げる

キャッチボールは相手の胸元に投げるのが基本とされ、ウォーミングアップの一環として行なわれている。しかし実戦を意識するなら、キャッチボール相手は意図して、相手の捕りにくいボールを投げ、苦しい体勢からの捕球、そして、そこからのすばやい送球を練習することも大切だ。キャッチボールの後半にぜひ取り入れてみよう。

PART 3 守備でアウトをとる

ポイント10

守備の重要性

正しい構えから捕球・送球する

CHECK POINT

1. 内野手は低く構えて、外野手は風向きなどもチェック
2. ゴロ捕球はリズムよくからだの正面で捕る
3. フライがあがったらいち早く落下地点へ

基本練習をおろそかにせず守備力を強化する

どんなにすばらしいピッチャーがバッターを打ち取っても、その打球をしっかりと処理できずにエラーしてしまえば、大量得点にも結び付いてしまう。どんなにたくさん点をとっていても、3つのアウトを奪うことができなければ、イニングが終了することはない。

ゴロにしてもフライにしても、飛んで来た打球を確実に捕球するには、まずはしっかりとした構えと捕球の姿勢をマスターすること。基本の練習となるキャッチボールも、一球一球捕球の姿勢を確認し、相手の捕りやすい位置に投げるよう集中して行おう。あとはできるだけ多くのノックを受け、からだで覚えることが大切。守備力は練習すれば練習しただけ上達するはずだ。

コツ1 内野手は低く構えて外野手は風向きなどもチェック

内野手の構えの姿勢は、上体と地面が平行になるように、大きく股を割って低い体勢で構える。外野手はそれほど低い体勢で構える必要はないが、打球だけでなくバッターやランナーなども良く見えるようリラックスして構える。風が吹いている方向や強さも確認しておくこと。

コツ2 ゴロ捕球はリズムよくからだの正面で捕る

ゴロはからだの正面で捕るのが基本。打球が飛んできたらすぐに反応できるようにバッターを見つめ、フットワークを使ってボールの正面に回り込むようにする。捕ったらすぐにスローイングに移れるように、リズムよく動くこと。ボールを待ってしまうとイレギュラーやセーフになる確率が上がる。

コツ3 フライがあがったらいち早く落下地点へ

フライがあがり自分が捕るべきだと判断したら、まずは落下地点までダッシュ。なるべく早く捕球の態勢に入り、確実に捕るようにしたい。ランナーの進塁を阻止するためにすぐにボールを返さなければならないときは、後ろから勢いをつけて捕るようにするとすぐにスローイングができる。

プラス1アドバイス

捕ってから投げるまでをスムーズに行う

スローイングは、エラーの半分以上を占めるといわれるほど難しい。スローイングとキャッチングを別のものだと思わず、一連の動作でスムーズに行えるように心がけたい。また、スローイングの仕方にも種類があるので、状況に応じたスローイングができるようマスターしよう。

ポイント 11

姿勢

すばやく動けるように低く構える

CHECK POINT

1. 尻を落とさずに腰を落とす
2. 内野手の構えの重心は親指の付け根あたりに
3. 外野手は全体を見渡し、的確な指示を出す

内野手は常に低い姿勢
外野手は視野を広く

内野手の基本姿勢は常に低く保つこと。リラックスさせた上体と地面が平行になるように構え、大きく股を割って左右どちらにも動けるように構える。グラブはからだの前の低い位置に置き、捕球面をバッターに見せるようにする。すばやいスタートが切れるように重心はやや前よりに。目線は常にボールに向け、構えたときの低い体勢のままボールを追い、捕球からスローイングとスムーズに行う。

外野手の構えの姿勢は、ある程度重心を前に置いたら、ヒザをリラックスさせてすぐにスタートが切れるようにしておく。このとき、両手はヒザの上に置いてはいけない。目線はボールに向けるが、打球の方向によってバックアップに行ったり的確な指示をしたりできるように、全体を見渡せるようにしておく。

コツ1 尻を落とさずに腰を落とす

よく「腰を落とせ」といわれるが、腰を落とすのと尻を落とすのはまったく違うので注意。尻を落としてしまうと上体が起き上がってしまい、重心も後ろにかかってしまう。目線が高くなってしまうのでゴロが捕りづらくなり、すばやいスタートも切れなくなってしまう。

コツ2 内野手の構えの重心は親指の付け根あたりに

内野手が構えたときの重心はやや前に置く。目安としては両足の親指の付け根あたりに重心をかけるとよい。このとき、カカトが少し浮いてしまっても問題ない。内野守備の一歩目のほとんどは前に出ることになるので、バッターが打った瞬間に反応できるようにすること。

コツ3 外野手は全体を見渡し的確な指示を出す

外野手は、ボールが飛んでくるまでの距離が長い分、内野手ほど態勢を低くする必要はない。全体を広く見渡せるように構え、バッターランナーやランナーの動きを見てベストの指示を出せるよう心がける。また、打球の方向によってカバーリングやバックアップなどどこに動くべきか確認しておく。

プラス1アドバイス

低い構えから打球に反応する

正しい構えをとっていれば、どんな打球に対してもすばやく反応できるはずだ。その際にポイントになるのがスタートの判断だ。打球に対して最短距離で入ることのできるコースを一歩目でスタートする。判断を間違ってしまうと、捕球はもちろん、送球動作にも遅れが出てしまう。

ポイント 12

内野のゴロ捕球①

正面のボールを捕球する

CHECK POINT

1. 内野ゴロの捕球のコツは、点ではなく線でとらえる
2. ステップとスローイングをリズミカルに行う
3. カカトから踏み込んでツマサキを上げて捕球

正しい姿勢を確認してからだにしみこませる

内野手が処理する打球のほとんどがゴロである。フライやライナーは捕るだけでアウトにすることができるが、ゴロの場合は捕ってからよいスローイングをしないとアウトを奪うことができない。正しい構えからボールの追い方、捕球の姿勢を確認しながら練習を積もう。

正面のゴロはなるべく前に出て捕るのが基本。ボールを待ってしまっては、それだけイレギュラーする確率も上がってしまうし、バッターランナーが一塁ベースに近づいてしまう。さらにはからだが硬くなって思うように動きづらくなってしまうこともある。はじめの一歩をすばやくし、バウンドにうまく合わせるよう前進すること。捕りやすいバウンドは、ボールの落ち際か跳ねた直後になる。

コツ 1 内野ゴロの捕球のコツは点ではなく線でとらえる

内野ゴロを捕るコツは、点でとらえようとせず、線で捕るように心がけること。ゴロが転がってくる線上にからだの正面を持っていくようにし、あらかじめグラブを構えておく。ボールが転がってきてからグラブを出すと、ボールをはじいてしまったり、イレギュラーに対応しづらくなったりしてしまう。

コツ 2 ステップとスローイングをリズミカルに行う

上手な内野手は、ボールがバットに当たった瞬間にステップがはじまり、捕ってからスローイングの動作を流れるように行う。打球の方向やバウンドに合わせてリズムよくステップすることでボールを追うところからスローイングまで、一連の動作としてスムーズに行うことができる。

コツ 3 カカトから踏み込んでツマサキを上げて捕球

正しい捕球の姿勢は、両足をそろえずに左足をやや前に持ってくる。左足をカカトから踏み込むようにするとツマサキが浮く形になり、前のめりになって腰が浮いてしまうのを防ぐことができる。カカトは外側に向け、ややがに股にすることでも腰を低く保つことができる。

プラス 1 アドバイス

グラブの軌道は下から上が基本

グラブの使い方は下から上。ゴロが飛んでくる線上の低い位置にグラブを構えたら、ボールのコースやバウンドに合わせてグラブを上げて捕球する。イレギュラーバウンドの対処法は、グラブを自分のからだに近い方向に引きつつ、打球の方向に持っていくようにすること。

ポイント13

内野のゴロ捕球②

左右の打球をフットワークで捕る

CHECK POINT

1 フットワークを使ってゴロは足で捕る
2 左方向の打球はなるべく右側から捕る
3 グラブをタテにして手のひらで捕る感覚

左右の打球の一歩目はクロスステップになる

内野ゴロは正面に転がってくるものだけでなく、左右の方向やバウンドの高低、打球の強弱などさまざまな種類がある。基本姿勢や捕り方は正面のゴロとさほど変わりはないが、ステップの仕方などを考えながらノックを受けるとよりよい動きができるようなる。

自分の左側の打球の一歩目のスタートは右足、右側の打球は左足を打球方向の足とクロスするようにして踏み出す。左右の打球でも全力で回り込み、なるべく体の正面で捕るよう心がけること。どうしても間に合わない場合には、腕を大きく伸ばしてシングルハンドでキャッチすることになるが、このときも体勢は低いまま、グラブは下から上に動かすことを忘れずに。

コツ 1 フットワークを使って ゴロは足で捕る

体の正面でゴロを捕るようにするには、軽快なフットワークがポイント。転がってくるゴロの線上に、いかに速く回り込めるかがカギとなる。「ゴロは足で捕れ」といわれるのはこのことから。すばやいフットワークをマスターするだけで、守備は格段に上達する。

コツ 2 左方向の打球は なるべく右側から捕る

自分の左方向の打球の場合、クロスステップでスタートしたら、すばやくボールの正面に回り込んで捕球することになる。このとき、余裕があればボールよりも右側にからだを持っていき、左足の前あたりで捕球するようにすると、スローイングがスムーズに行えるようになる。

コツ 3 グラブをタテにして 手のひらで捕る感覚

グラブを持っている腕と反対方向の打球を捕る逆シングルキャッチをマスターすれば守備範囲が格段に広がる。捕球時の体勢は、グラブを持っている側の足を前に出してグラブは地面と垂直に立てる。目線はなるべく低い位置にもっていき、手首をやわらかく使って手のひらで捕るようにする。

プラス 1 アドバイス

グラブの捕球面を下に向けて 軽く押し出すようにして捕る

ショートバウンドの打球は、コツを覚えてしまえば難しくない。グラブをバウンドするラインにもっていったら、捕球面をやや下に向けて少し前に押し出すようにする。そうすることで勝手にボールがグラブに収まってくれる。グラブを引いたりすくいあげたりするとファンブルしやすい。

ポイント14

外野のゴロ捕球

状況に応じて捕り方を変える

CHECK POINT

1. しっかりと腰を落として絶対に後ろにそらさない
2. ランナーの進塁阻止のため、前に出ながら捕球する
3. 前進ダッシュの勢いをスローイングに生かす

ランナーの有無や打球の種類によって捕り方が違う

外野手は守備の一番後ろを守ることになるので、ボールを後ろにそらしてしまうとランナーが進塁してしまい、大量点にも結び付いてしまう。ランナーがいる場合やいない場合、さまざまな状況に応じてゴロの捕り方も変わってくる。状況に応じた捕球の仕方をマスターし、みんなから信頼される堅実な外野手を目指そう。

ランナーなしで飛んできたゴロは、ヒット性の打球であることが多い。バッターランナー以外のランナーが進塁してしまう恐れがないので、ある程度余裕を持って捕球することができる。スコアリングポジションにランナーがいる場合は、ホームに帰らせないためにも、すぐにスローイングに移れるように効率よく捕球するべきだ。

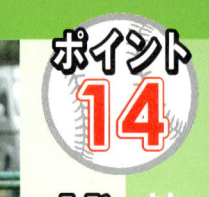

コツ 1 しっかりと腰を落として絶対に後ろにそらさない

ランナーがいないときに外野手に飛んできたゴロは、腰を落として体の正面でガッチリと捕球する。しかし、あまりにも早く腰を落としてしまうとイレギュラーに対応できなくなってしまうので注意。イレギュラーしても体で止めるくらいの気持ちで絶対に後ろにそらさないという気持ちが大切だ。

コツ 2 ランナーの進塁阻止のため前に出ながら捕球する

ランナーがいるときに飛んできたゴロは、なるべく早くボールに到達するよう前進ダッシュして捕球する。このとき、イレギュラーに注意して、打球からは絶対に目を離さないこと。グラブを手元に引き寄せるように捕球したら、ランナーの進塁状況などを確認して、ベストの位置にスローイングする。

コツ 3 前進ダッシュの勢いをスローイングに生かす

ランナーがいるときのゴロは前進して捕球したら、ダッシュしてきた勢いを利用してスローイングすることが多い。捕殺することはもちろん、高校生の場合、外野手はやや浅めの守備位置を捕るのでライドゴロも可能になる。内野手並みに捕ってからのすばやいスローイングを心がけよう。

プラス1アドバイス

外野手は打球を後ろにそらさない

外野手として最もしてはいけないプレーが、打球を後ろにそらすことだ。そのためにも絶対に打球から目を離してはならない。ハーフライナーやショートバンドになって、バウンドが合わないような場面でも打球の正面に入り、からだで止めることが大切だ。

ポイント15

フライ捕球①

状況に応じて捕球後に備える

CHECK POINT

1. フライは顔の前で両手で捕る
2. タッチアップがあるときは、後ろから助走をつけて捕球
3. タッチアップ時のステップは、すばやく小さく高く飛ぶ

ランナーありかなしかでフライの捕り方も変わる

ゴロは捕球してからスローイングしないとアウトにはできないが、ライナーやフライは捕るだけでアウトにすることができる。ボールが高く上がるフライの場合、ツーアウトのときはランナーが無条件に進んでしまうため、落球したときの代償は大きい。また、風や天候の影響も受けやすいし、バッターによってボールが変化する場合もある。

ランナーがいるときの外野フライの場合、タッチアップの可能性もある。ゴロのときと同様、ランナーがいるときといないときで捕球の仕方も変わってくる。ピッチャーが投球に入る前に状況を再確認し、フライがあがったらどのように捕球し、どこにスローイングするべきかを頭に入れておくこと。

コツ
1 フライは顔の前で両手で捕る

顔の前で捕るのがフライ捕球の基本姿勢。ボールをはじかないようにヒジとヒザを柔らかく保ち、両手でガッチリと捕ること。フライが上がったらなるべく早く落下点に入らなければならないが、グラブを顔の前に出すのが早過ぎると、ボールを見失ったり急な変化に対応できなくなったりしてしまう。

コツ
2 タッチアップがあるときは後ろから助走をつけて捕球

ランナーがスコアリングポジションにいるときの外野フライは、タッチアップの可能性がある。そういった場合は、スローイングに勢いをつけるために落下点のやや後ろでボールを待ち、前に走り込みながら捕るようにしたい。ボールが落ちてくるのを待っているときは、送球動作の準備をしておく。

コツ
3 タッチアップ時のステップはすばやく小さく高く飛ぶ

タッチアップの可能性があるときに、落下点の後ろから勢いをつけて捕った外野手は、すぐにスローイングに移らなければならない。捕球と同時にステップすることになるが、ステップはすばやく小さく行うこと。前に大きく飛ぶのではなく、小さく高く飛ぶことを心がけよう。

プラス1アドバイス

前方の高いフライは最後まであきらめない

自分の前に高く上がったフライは、間に合わなくても大きく後ろにそれることが少ないため、あきらめずに前進ダッシュして捕球を試みるとよい。届かないと判断しても、思い切り腕を伸ばし、グラブが地面と平行になるようにしてすくうようにして捕ると入ってくれることがある。

ポイント16

フライ捕球②

肩越しにボールを見て追う

CHECK POINT

1. 後方へのフライの一歩目は、後ろへステップする
2. 肩越しにボールを見ながら半身の体勢で追う
3. バッターの左右や風、下がり方に注意する

肩越しにボールを見ながら半身でキャッチする

ゴロ同様、当然フライも前後左右さまざまな方向に飛んでくる。中でも一番難しいのが後方へのフライだ。一歩目から追うときの足の使い方や、ボールへの目線のやり方がポイントとなる。飛んできたフライに対して正面を向いたまま下がり、バンザイしたところに後方にそらしてしまうプレーはNG。フェンスがある球場の場合、自分の守備位置とフェンスとの距離をあらかじめ確認しておき、なるべくボールから目を離さずに追えるようにしたい。

ボールは高く上がれば上がるほど変化しやすくなる。ピッチャーが投球する前から風向きや強さ、左右どちらのバッターなのかを確認し、フライが飛んできたらどの方向に変化しやすいのかを考えながら追うことが大切だ。

コツ 1

後方へのフライの一歩目は後ろへステップする

左右に飛んだフライの場合、ゴロと同じようにクロスステップでのスタートとなる。後方のフライを追うときの一歩目は、ボールが飛んだ方向と同じ側の足を後ろに引くようにしてステップする。二歩目が後方へクロスステップとなり、ボールを見ながら追っていくことになる。

コツ 2

肩越しにボールを見ながら半身の体勢で追う

後方のフライを追うときは、半身の体勢で全力ダッシュ。肩越しにボールを見るようにして追い、基本はボールから目を離さない。打球が飛んだ瞬間にどうしても間に合わないと判断したら、一か八かボールから目を切って落下点までもうダッシュし、振り向きざまにキャッチすることもできる。

コツ 3

バッターの左右や風下がり方に注意する

高く上がったフライは、当然風の影響を受けやすくなる。また、バッターの反対方向に飛んだ打球になると、風とは関係なく変化することがあるので注意。また半身にならず下がったり、キャッチのときに足が揃ってしまうとエラーの原因となるので気をつけよう。

プラス1アドバイス

誰が捕るか迷うフライは積極的に声を出し合う

自分の守備範囲内のフライだと判断したら速やかに落下点へ向かうべきだが、守備範囲が重なっていてどちらが捕るか迷ってしまうケースがある。そういった場合は積極的に声を出し合って選手同士の激突などを避ける。前のボールの方が捕りやすいので、内野より外野が優先される。

ポイント17

スローイング①

捕球したボールを正確に投げる

CHECK POINT
1 正しいトップの体勢で暴投を激減させる
2 軸足でタメをつくり送球方向にステップする

基本となるオーバースローでより遠くへボールを投げる

野手がボールを捕った後は、スローイングをすることになる。守備位置や状況によってオーバースローかサイドスローを使い分けるが、どちらにしても捕球からの一連の流れとしてステップからリリースを行うことでスムーズなスローイングができる。

スローイングの基本となるのがオーバースロー。遠くへボールを投げることができるので、外野手のバックサードやバックホーム、内野の深い位置で捕球したときのファーストへの送球などに使われる。

グラブの中のボールをつかんだら、軸足に重心をかけつつボールを持っている腕を後ろに引く。そして投げる方向へ逆足を踏み出したら、重心を前に移動しつつ上から振りおろすようにしてスローイングする。

コツ 1
正しいトップの体勢で暴投を激減させる

腕を振り上げるときは、両手の甲が内側で向き合うようにし、両方のヒジを肩の高さまで上げてトップの体勢を作る。このとき、前のめりになったりからだを後ろに反り過ぎたりせず、しっかりと軸足に体重をかけるようにする。正しいトップの体勢を作るだけで、暴投の確率はぐんと下がる。

コツ 2
軸足でタメをつくり送球方向にステップする

からだが早く開きすぎてしまうとスピードのあるボールが投げられなくなってしまう。しっかりと軸足でタメをつくって、投げる方向にステップする。ステップする方向を間違えると送球エラーにつながるので注意。

ポイント18

スローイング②

捕ってからすばやく送球する

CHECK POINT
1 ボールを持った腕は大きく引き上げ過ぎない
2 からだを大きく使い低くて勢いのある送球を

すばやい送球をするにはサイドスローを使う

近くへより早く送球するには、腕をからだの横から振り出すようにして投げるサイドスローを使う。ゴロを捕球したとき、オーバースローだと一度からだを起こしてからのスローイングになるが、捕球した低い体勢のまますぐにスローイングに移れるので内野手に適している。ただ、遠くへ送球するには向いていないので、内野の深い位置でボールを捕ったときは、しっかりと踏ん張ってからオーバースローでスローイングするなど使い分けが必要。

動作のすばやさがポイントとなるサイドスローだが、あわてずに、軸足から逆の足の体重移動はしっかりと行うようにすること。ボールを離すときにスナップをきかせるようにするのも大切だ。

コツ2 からだを大きく使い低くて勢いのある送球を

捕った位置から送球する場所が近い場合は、アンダースローも活用しよう。ダブルプレーでのベースカバーに対して使えば、捕球して転送する野手は下から来るボールの勢いのまま、キャッチしてスローイングの体勢に入ることができる。セカンドやショートには必須のプレーだ。

コツ1 ボールを持った腕は大きく引き上げ過ぎない

グラブからボールをつかんだら、ボールを持った腕を後ろに引くが、オーバースローほど大きく引き上げないようにすること。なるべくすばやくスローイングできるのがメリットのため、ひとつひとつの動作もコンパクトにして、ボールを離すまでの時間も短縮させたい。

ポイント19

木更津総合の守備練習

ボールスキルを高めてレベルアップする

ペアが中腰の捕球姿勢になり、お互いにゴロを投げ、捕球する練習。ボールキャッチの感覚を養うために、まず素手で行う。逆シングルやショートバウンドは、片方が立って上からボールを落とし、捕球側がタイミングよく手を差し出すようにキャッチする。練習が進んだら、グラブをはめて行い同様のメニューを繰り返す。練習開始直後のウォームアップのメニューに取り入れるとよいだろう。

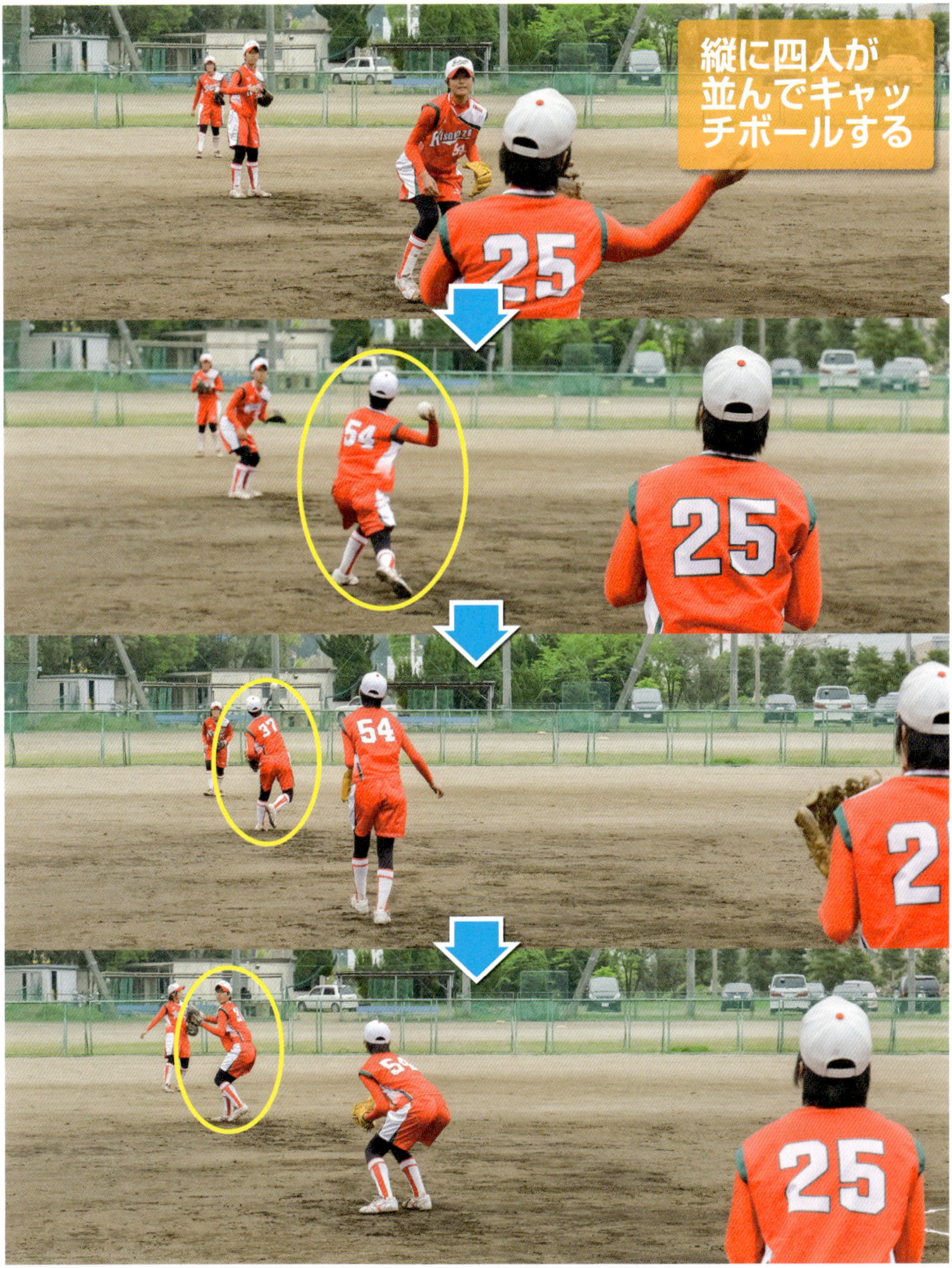

ホームベース付近から外野の守備位置までの距離に、四人の選手が縦に並んでキャッチボールをする。このような形は実戦のカットプレーで使うため、全員が捕球後はすばやく送球動作に入り、相手のキャッチしやすいところにコントロールすることが大切だ。両端の選手は一回ごとに左か右に回転して、外野深くからの捕球をイメージする。間に入る選手もカットマンの役割を意識する。

1 2 ペアが正対し、一方がゴロでボールを転がす。キャッチする側は、中腰の捕球動作のまま送球動作に入る。最初は「ノーステップ」で送球し、3 次は「その場でステップ」、「小さく送球方向にステップ」、4 反対側に「切り返し（ステップなし）」、「切り返し（ステップあり）」と、立て続けにボールを捕球・送球する。このような動作は二遊間で使う技術だがバント処理などでは他の野手も必ず必要になってくる技術だ。

PART 4
チーム バッティングで 相手に勝つ

ポイント20

バッティングの重要性

状況に応じた戦術をとり入れる

CHECK POINT

1 1・2番バッターでチャンスメイク
2 クリーンナップは勝負強さと長打力
3 9番バッターはポイントゲッター

状況や役割を判断してバッティングを考える

どんなにピッチャーが0点に抑えても、相手ピッチャーを打つことができなければ、こちらに点数は入らないし、点をとらなければ勝つことはできない。それだけ攻撃は重要なのだ。

バッティングといっても、ピッチャーが投げたボールをただ打ち返せばいいわけではない。状況に応じたバッティングやバントを決めるなどチームプレーも大切だ。点差やランナーの有無、カウントなどによって一球一球戦術が変わってくるのがバッティングの楽しいところであり、難しいところ。全員がホームランを狙っていては、なかなか点数に結びつかない。バッターの並びを「打線」というように、状況や役割を考えながら、全員が線のようにつながることが大切だ。

コツ 1 1・2番バッターでチャンスメイク

1・2番バッターは、クリーンナップの前にチャンスを作る役割がある。1番バッターは出塁率が高く、塁に出たらヒットでいち早くホームへ帰ってこなければならないため、足の速さも要求される。2番は1番と呼吸を合わせ、進塁打やバントが上手な器用な選手がいい。

コツ 2 クリーンナップは勝負強さと長打力

3・4・5番のクリーンナップはチャンスでの出番が多くなるため、なるべく得点に結びつけることができる勝負強いバッターがいい。特に4・5番は長打力も必要になり、3番は後続につなぐ器用さも持っている選手が望ましい。クリーンナップにいい選手がそろっているチームは得点力が高い。

コツ 3 9番バッターはポイントゲッター

9番バッターにバッティングが得意でない選手を配置するのは間違い。打順がトップに戻る前のバッターなので、1・2番と同じような役割ができる選手でなければならない。ゲーム全体を冷静に見渡せるような頭のいいラストバッターがいると、打線がつながりやすい。

プラス1アドバイス

バントの種類はさまざま 確実にマスターすること

ボールをバットに当てるだけのバントは、攻撃においてとても重要な戦術。自分が犠牲になってもランナーを進める送りバント、自らが塁に出るためのセーフティーバント、成功させることで直接得点につながるスクイズバントなど種類もさまざまだ。それぞれのやり方をマスターしたい。

構えとグリップ

自分に合った構え方を身につける

ヒザをリラックスさせて構え 小指側に力を入れる握る

バッターボックス内での構えはバッティングの基礎となるので、しっかりとマスターしたい。ただ、個人の持っている力や骨格、柔軟性などによって差は生まれ、これだけが正しいという構えは存在しない。まずは自分に合った構えを見つけ、からだで覚えるようにしよう。

基本のスタンスは肩幅よりもやや広めにとり、両ヒザを軽く曲げて左右均等に重心をかけておくことでステップしやすくなる。

バットを握るグリップも、力が入り過ぎてしまうと手首が固定されてスムーズに手首を返せなくなる。両手の第二関節がタテにそろうように軽く握り、小指と薬指に力を入れて握るようにする。

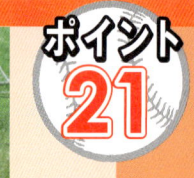

コツ1 スクエアスタンスが構えの基本となる

スクエアスタンスとは、構えた際の両足を結ぶ線が、ピッチャーに対して垂直になるスタンス。バッターの構えの基本とされるスタンスで、あらゆるコースに対応しやすいオーソドックスな構え方。ほとんどの選手はこのスタンスが一番打ちやすいはずだ。

コツ2 オープンスタンスはインコースが打ちやすい

オープンスタンスは、前足を外に開くようにして、ピッチャーに対してやや正面を向くようにして構えるスタンス。インコースのボールは打ちやすいが、アウトコースには対応しづらくなる。インコースが苦手であったり、アウトコースが得意であったりするバッターが使う。

コツ3 クローズドスタンスはアウトコースが打ちやすい

クローズドスタンスは、前足を一歩前に踏み出すようにして、ピッチャーに対して少し背中を向けるようにして構えるスタンス。アウトコースは対応しやすいがインコースは打ちづらくなる。流し打ちを狙うときなどに使うといい。

プラス1アドバイス

グリップ位置は肩の高さより上にする

体重は両足に均等にかけ、背筋はまっすぐ伸ばすこと。不自然に曲がっていると目線が定まらない。グリップの位置も肩より上にある方が、力の入るトップ位置にすばやく収まる。逆にグリップ位置が低いとピッチャーの投げるボールに対応が遅れてしまう。

ポイント22

基本のスイング①

下半身の力を生かしてスイング

CHECK POINT

1. バットが最短距離を通るインサイドアウト
2. しっかりとボールを見て、押し出すようにミートする

鋭く腰を回転させて最大限の力でミートする

基本的なスイングの流れは、まずはテイクバック。バットを少し後ろに引きながら腰をキャッチャー方向へ回転させ、軸足に体重を乗せる。次のステップにも個人差はあるが、基本は前足のカカトを少し上げる程度で、体重を前に移しながらすり足で踏み出すようにする。

ステップと同時に腰をピッチャー方向へ回転させ、スイングを開始する。ミートはからだの前で行い、回転させた腰の後を追うように、上半身も回転させていく。

ミートの瞬間は、ボールを押し出すようにして手首を返す。フォロースルーを前に大きくとることでスムーズに手首が返り、打球にも力が伝わるようになる。下半身から順に上半身を回転させ、たまったパワーをボールにぶつけるイメージで振りぬこう。

コツ ①

バットが最短距離を通るインサイドアウト

バットがボールまでの最短距離を通るスイングをインサイドアウトという。ワキをしめて両ヒジを体からあまり離さないようにし、バットがからだのすぐ近くを通るラインを描くようにイメージしてスイングする。スイングの基本形となるのでしっかりと身につけること。

コツ ②

しっかりとボールを見て押し出すようにミートする

ミートの瞬間は、回転させた腰がピッチャーに対して正面を向くようにする。肩越しにしっかりと両目でボールを見るようにして、バットに当たってから飛んでいく方向まで見届けること。グリップの上側の腕を伸ばす力と、両手首を返す力を利用してボールを押し出すように振りぬく。

ポイント23

スラップ

高いバウンドを狙って打つ

CHECK POINT

1 ステップは左右左、打ったら一塁へ猛ダッシュ
2 サードやショート方向へ高いバウンドを狙う

走りながらスイングする ソフトボール独自の打ち方

ソフトボールならではの打ち方で、左バッターがバッターボックス内でステップを踏みながら打つ打法をスラップという。スイング後に一塁方向を向いている左バッターの特性と、ソフトボールの近い塁間を利用して内野安打を狙う。相手の守備陣形を崩す効力もあり、足の速いバッターが使うとかなりの脅威になる。

バッターボックス内のやや後方で構え、投球と同時にステップを始める。このとき、バッターボックスから足が出てしまうとアウトになるので注意すること。ボールを叩きつけてホームベースの近くでバウンドさせ、なるべく高くはね上がるような打球を心がける。低めのボールには、上半身は崩さずにヒザを使って対応する。

コツ 1 ステップは左右左 打ったら一塁へ猛ダッシュ

ステップのリズムは左、右、左。まずは左足を後ろにバックステップし、その左足とそろえるように右足も後ろにステップ。そして、左足を右足とクロスさせるように一塁方向へ踏み出しながらボールを打って、そのまま一直線に一塁へ走り出す。リズムを意識しながらからだで覚えるようにしたい。

コツ 2 サードやショート方向へ高いバウンドを狙う

理想の打球はサードやショートの頭上を越えるような高いバウンド。ファーストから遠いだけに、それだけ送球までの時間が稼げるからだ。サードのファールラインを切ってもいいくらいの気持ちで、なるべくボールを引きつけて積極的に反対方向を狙っていこう。

ポイント24

スイングの軌道

ボールに応じてスイングを使い分ける

CHECK POINT

1. ヒットは出やすいが飛距離は出にくい
2. フォロースルーを小さくしてコンパクトにスイング
3. 45 度の角度で振り上げ、フォロースルーは大きく

バットの軌道は3種類 基本となるのがレベルスイング

バッティングの基本は、バットの芯でボールの真ん中を打つこと。どんなに速いスイングでも、ボールを正確にとらえられなければ凡打になってしまう。スイングの軌道で最も標準的なのが、地面と平行にバットを出すレベルスイング。ボールの軌道に対して水平にスイングするため、ボールの真ん中をとらえやすい。

高めのボールや浮き上がってくるライズボールを打つには、上から下にボールをたたきつけるようにして打つダウンスイングを使う。どうしてもゴロを打ちたいときなどにも有効だ。

低めのボールや落ちるボールに対応しやすいのがアッパースイング。ボールを下から上へすくい上げるようにして打つため、フライになりやすく飛距離も出やすいという特徴がある。

コツ 1 ヒットは出やすいが飛距離は出にくい

レベルスイングは、ライナー性の打球が多く飛距離は出にくいので、中距離バッターに向いているといえる。打つ際のポイントは、ミートの瞬間に背中に力を入れて水平に振りぬくようにする。フォロースルーは、前に大きくすると手首がきれいに返りやすい。

コツ 2 フォロースルーを小さくしてコンパクトにスイング

ダウンスイングは、バットを構えた位置からそのまま振りおろすようにする。大振りにならないよう、ワキをしめて最短距離でボールをミートすることが大切。フォロースルーも小さめになるよう意識するとコンパクトなスイングになりやすい。

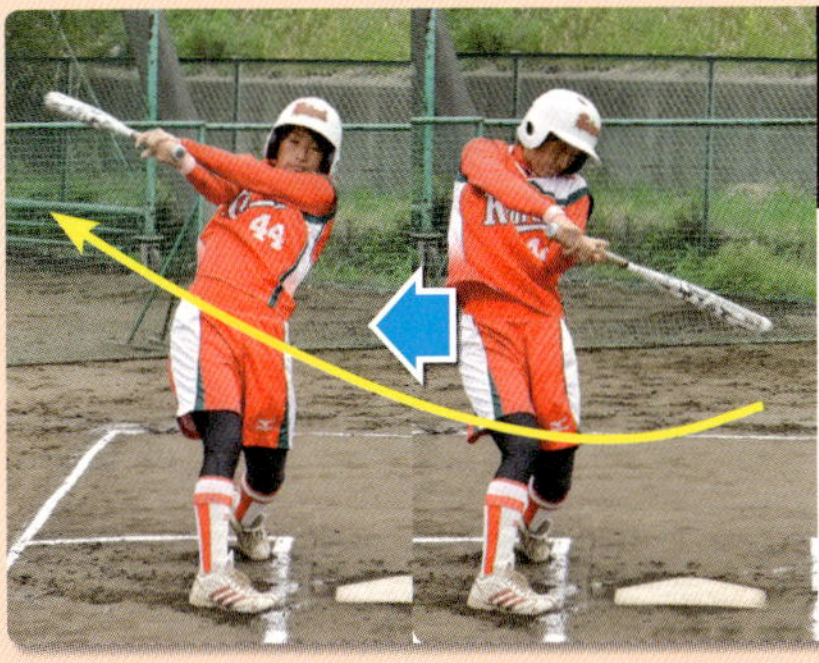

コツ 3 45度の角度で振り上げフォロースルーは大きく

アッパースイングは、バットのヘッドを下げて両腕が伸びるまえにミートするようにする。約45度の角度で振り上げ、フォロースルーは遠心力を最大限に生かすよう大きくとる。力が入り過ぎて軸足側の肩が下がり過ぎないように注意すること。

プラス1アドバイス

球速に対応できない場合はグリップにひと工夫を

自分のスイングをするためにもグリップは重要。相手ピッチャーのスピードに対応できない場合は、バットを短く持つことでコンパクトなスイングができる。このとき右手と左手の間を少し空けることで、リストが効いてスイングがよりシャープになる。

ポイント25

ステップとミートポイントを意識する

CHECK POINT

1. からだの回転を利用して、腕をたたんで押し出す
2. 外側にステップしても前のカベはくずさない
3. からだはしっかり残して足だけで踏み込んでいく

コース別の打ち方を身につけ アベレージヒッターになる

ピッチャーの投げるボールは、打ちやすい真ん中のコースだけではない。高さだけでなくインコースやアウトコースなど、いいピッチャーになればなるほどストライクゾーンギリギリのコースに投げ込んでくる。インコースとアウトコースの打ち分け方をマスターし、広角に打ち分けられる打率の高いバッターを目指そう。

インコースのボールはバットの根元に当たって凡打になりやすい。前足をやや外側に踏み込んでボールとの距離をとり、ミートポイントを前にして打つようにする。

長打が少ないアウトコースは、カウントをとるために狙ってくるピッチャーが多い。ボールに対して向かっていくように踏み込んでボールとの距離を縮め、なるべくボールを手元に引きつけて打つ。

コツ1 からだの回転を利用して腕をたたんで押し出す

インコースのミートポイントは前に置くことになるが、腕はしっかりと伸びた状態でミートするようにする。腰を早く回すようにし、からだの回転をうまく使って腕の振りをサポートする。フォロースルーを外側にしすぎるとファールになってしまうため、腕をたたんで押し出すようにする。

コツ2 外側にステップしても前のカベはくずさない

インコース打ちは、からだを開くようにして外側にステップすることになる。このときもからだの前のカベをくずさないように、踏み出した前足のツマサキやヒザは内側に向けること。からだ全体が開いてしまっては手打ちになってしまい、力強いスイングができなくなる。

コツ3 からだはしっかり残して足だけで踏み込んでいく

アウトコースを打つときはホームベース側に踏み込んで打つことになるが、ステップするのは足だけ。ボールにつられてからだごと前に出てしまっては腰を使ったスイングができなくなってしまうだけでなく、フォームを崩してしまう原因にもなりうるので注意する。

プラス1アドバイス

ボールに逆らわずにアウトコースは流す

アウトコースのボールは無理に引っぱろうとしてはいけない。ミートポイントが後ろになるため、逆方向へ打ち返すようにすると自然とよい打球がいく。手首を返すことよりも、腕全体を使って押し出すようにするとボールに逆らわずにキレイな流し打ちができるようになる。

ポイント 26

送りバント

下半身の使い方に注意する

CHECK POINT

1. バットに当たって転がるまでボールから目を離さない
2. 下半身をうまく使ってバットの位置をコントロール
3. ボールに押されないようにバットはしっかり握る

ボールを最後まで見つめて確実に転がすようにする

バッターが犠牲になってもランナーを進めるためのバント。バッターはアウトになってもよいため、確実にランナーを進められる位置に転がすことが大切。ランナーを思いのままにスコアリングポジションに送ることができれば、得点力は飛躍的にアップする。

ピッチャーが投球の動作に入ったら、グリップの上側の手をすべらすようにしてバットの中央よりやや上を握ってバントの構えをとる。バットは水平ではなく、ヘッドを少し上げておくとボールを転がしやすい。バットの後ろ側から顔を近づけ、バット越しにボールを見るようにする。バットの先端にボールを当てるようにしてボールの勢いを殺す。左右の打ち分けは、グリップを握っている手を引いたり押したりすることでコントロールできる。

コツ1
バットに当たって転がるまでボールから目を離さない

ボールをよく見てストライクかボールかを見極め、ストライクゾーンにきたボールだけをバントする。ボールがバットに当たる瞬間はもちろんのこと、転がる位置まで確認できるようにすること。自分は犠牲になってもいいので走り出すのはやや遅くても構わない。

コツ2
下半身をうまく使ってバットの位置をコントロール

バントをする構えをとったら、上半身はその姿勢をくずしてはならない。ストライクゾーンの範囲内でボールの左右高低に対応するときは、下半身を使って対応するようにする。そのためには、ヒザを軽く曲げて柔らかく保つようにすること。

コツ3
ボールに押されないようにバットはしっかり握る

バットの先側を持っている手は、ボールの勢いに負けないようにしっかり握るようにする。軽く握り過ぎてしまうと、速いボールに押されてファールになってしまったり、最悪のケースでは小フライになってダブルプレーになってしまったりすることもある。力が入り過ぎない程度にしっかり握る。

プラス1アドバイス

目線はなるべくバットと近い位置にする

ランナーの進塁方向とは逆の位置に転がしたり、ピッチャーに捕らせるように転がすのが上手なバントといえる。バントの構えをした時点で、のけぞってしまい目線がバットから離れたり、ファーストやサードの動きを気にしてしまうとバント成功率は低くなる。

ポイント27

走りながらバントする

セーフティーバント

CHECK POINT

1. なるべくボールを引きつけて、走りながらバントする
2. 相手の守備を観察して、無警戒のときを狙う

相手のスキをついて自らが生きるバント

バッティングの構えから、投球と同時にバントに切りかえて内野安打を狙うのがセーフティーバント。特に成功率が高い、左バッターが一塁方向にボールを転がすバントをドラッグバントという。足の速いバッターや相手守備が無警戒のときは、積極的に狙ってみたい。また、相手ピッチャーを打ちくずせないときなどに成功させるとチームを活気づかせることができる。

送りバントと違って自らが塁に出るのを狙うため、じっくり構えてボールを転がしているようではセーフになるのは難しい。からだは一塁方向へ向かいながらバントの体勢に入り、ボールがバットに当たるころには走り出していなければならない。とはいっても、ボールからは目を離さずにしっかりとバットに当てること。

コツ1 なるべくボールを引きつけて走りながらバントする

相手守備の意表をつく作戦のため、いかにも打ちそうな構えからギリギリまでボールを引きつけてバントの体勢に入る。普通にスイングするのと同じようなタイミングでバットを出すとタイミングがとりやすい。バントと走るのを同時に行う動きをイメージして行うといい。

コツ2 相手の守備を観察して無警戒のときを狙う

ファーストとサードの動きや守備位置を見て、成功できそうかどうか判断する。守備位置が後ろであったり、セーフティーバントを警戒していない雰囲気があったりしたら狙ってみる。特に成功しやすい足の速い左バッターなどは、自分がバッターでないときでも相手守備をよく観察しておくこと。

ポイント28

強いバントで意表をつく

プッシュバント

ボールを押し出すようにして内野手の間を抜く

バントの構えからボールを押し出すようにして強い打球を転がすようにする。バントシフトをしいてきた相手守備の意表をつく戦術。成功させるポイントは、ピッチャーとサードの間、またはピッチャーとファーストの間に強い打球を転がして、ベースカバーに入ろうとしたセカンドやショートの逆をつくようにすること。通常のバントは芯を外してボールの勢いを殺すようにするが、プッシュバントの場合はあえて芯に当てて強い打球を返すようにしてもいい。

ランナーを進めることが大前提のため、ライナーやフライを上げてしまうのは厳禁。ダブルプレーという最悪の事態にならないためにも、通常の送りバント同様、しっかりと転がすようにすること。

ポイント29

バスターバント

バスターの構えからバントする

バスターと見せかけて相手守備を惑わす

バスターをするようにバットを引いてから、バントをすることで相手守備をかく乱する戦術。バスターバントの構えで一球見送ると、相手守備は極端なバントシフトがとりづらくなり、送りバントを成功させやすくするというメリットがある。ときにはバスターと見せかけてから、続く動作でバントするという作戦も織り交ぜ、有利な試合展開をつくるようにしたい。

このような戦術はベンチのサインはもちろん、内野守備の状況を即座に判断できるバッターとしての戦術眼も大切な要素。バントを決行する場合は、落ち着いてピッチャーに捕球させるゴロを転がす。

ポイント30

ピッチャーの投球をイメージして打つ

木更津総合の打撃練習

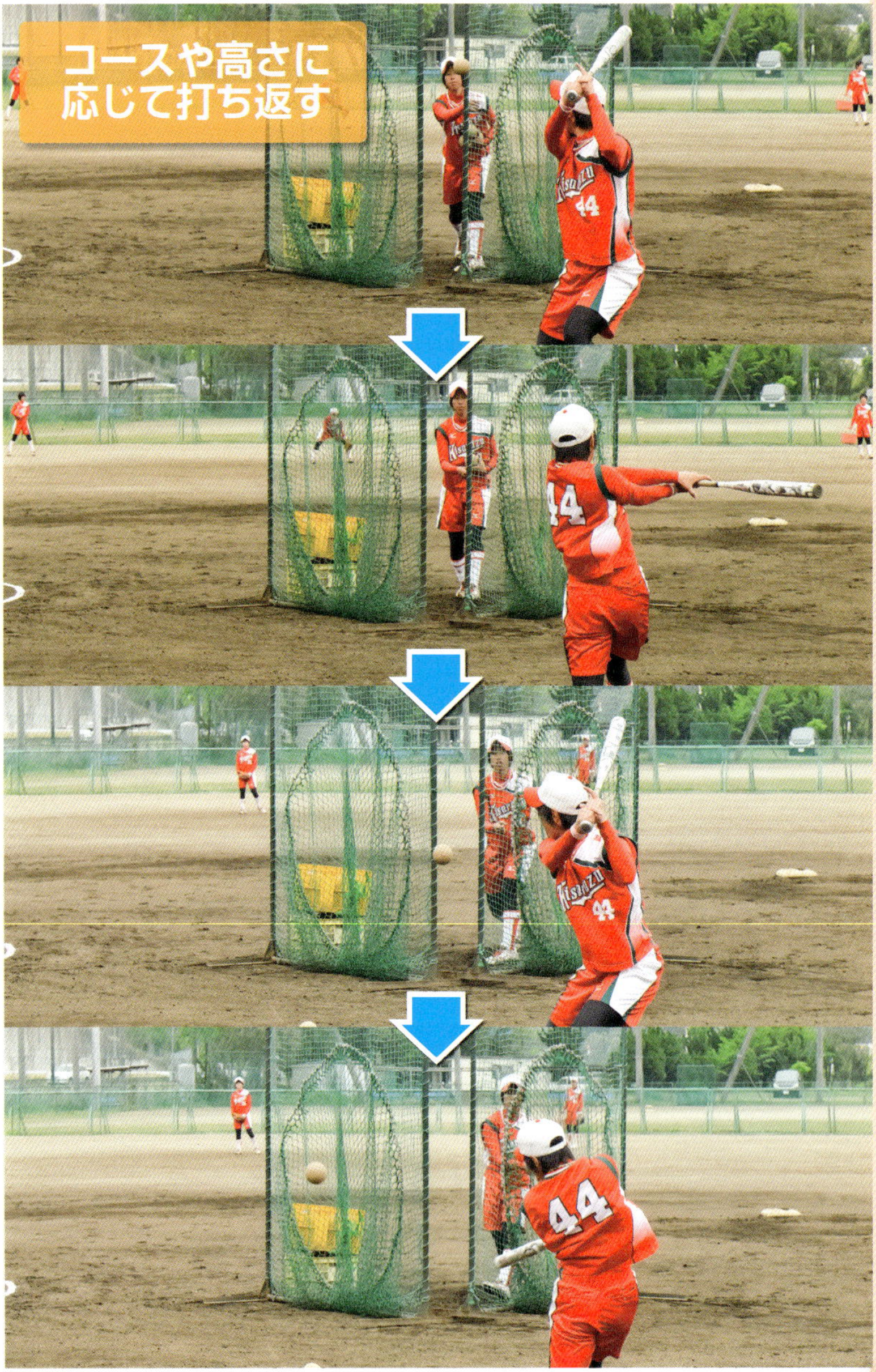

バッティングのカギを握るのが、アウトコース低めのストレートとインコース高めのライズボールの攻略だ。課題を持って打撃練習に取り組もう。ピッチャーの投げるコントロールされたボールをアウトコース低めは逆方向への流し打ち、インコース高めはバットを上から押さえるように打つ。特に高めの球は、ワキを締めてフライにならないようポイントをやや前にして打つことが大切だ。

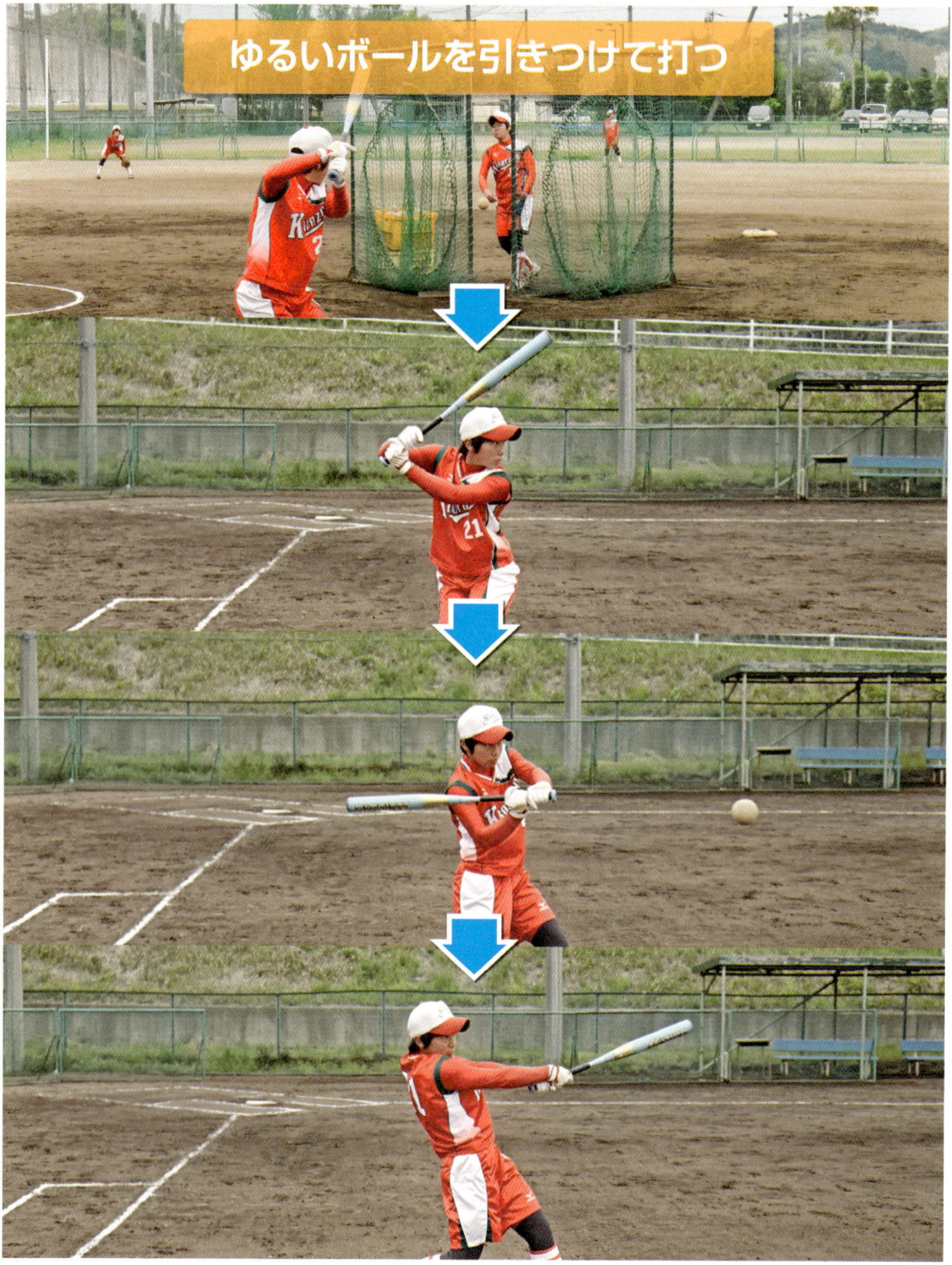

ハーフバッティングではピッチャーに通常よりもゆるいボールを投げてもらい、その球をしっかり引きつけて打つ。速いボールがタイミングとミートがうまくとれれば、飛んでいくのに対し、遅いボールは軸を崩さずに体の回転で打たないとヒットにならない。インコースの球は思い切り引っ張り、アウトコースの球は踏み込んで流し打ちするなど、自分のフォームを確認しつつ理想の打撃を心がけよう。

実戦を想定して打つ

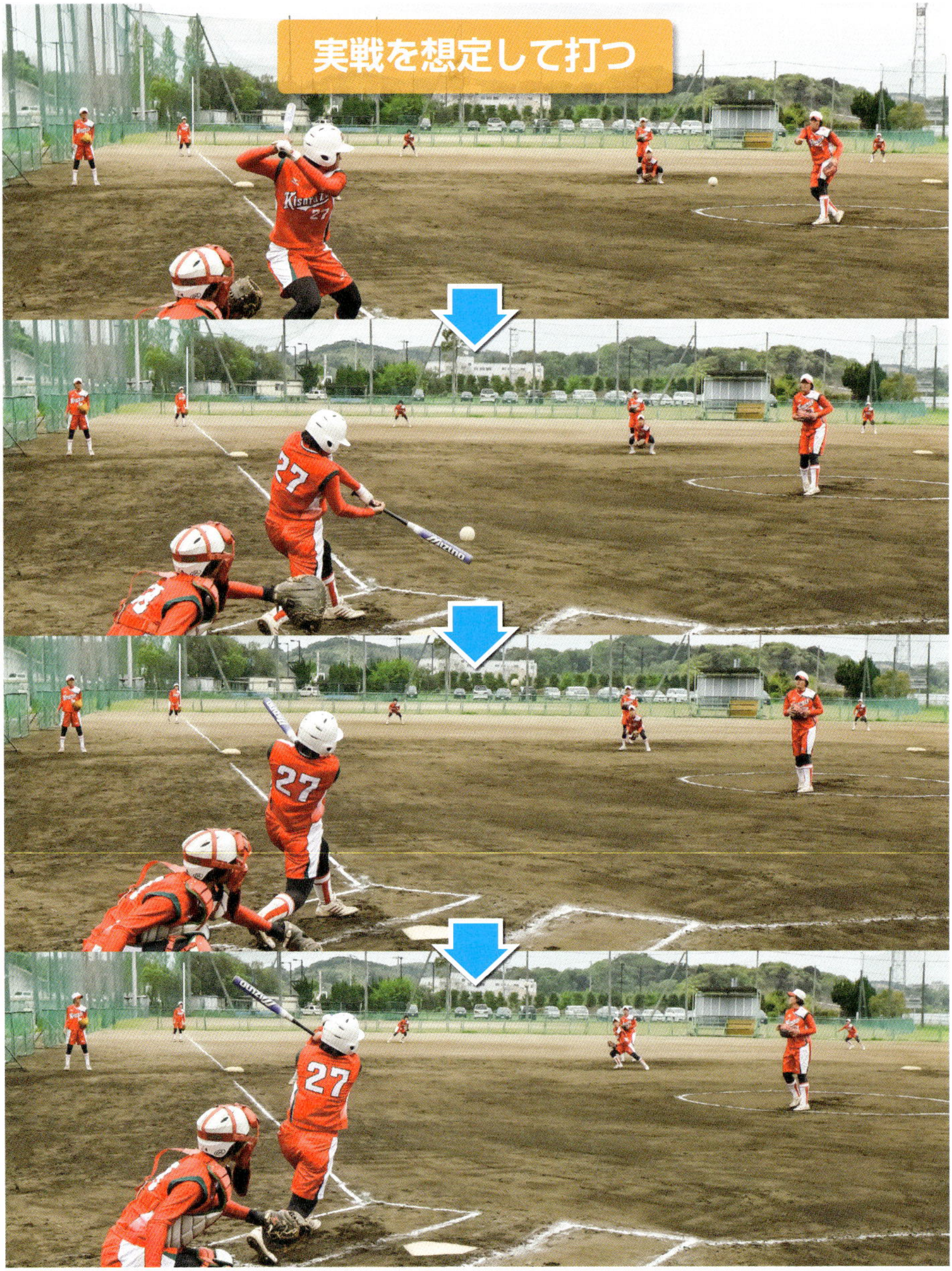

フリーバッティングは、ほぼ実戦形式で行う打撃練習。ピッチャーは全力で投げ、バッターもそのボールを打ち、その後は走塁する。野手も守備位置に入るが、攻撃はノーアウト一塁からスタートするためあらゆるプレーを想定しなければならない。ピッチャーとバッターとの駆け引きはもちろん、バッターのタイプによる守備位置の変更など、全員が頭で考えプレーすることによって、本番の試合に生きる練習となってくる。

PART 5 ポジション別の守備

ポイント31

複数のポジションを経験する

ポジションごとの特性を理解する

CHECK POINT

1. 動きを考えながらほかのポジションを経験
2. 打球が飛んだらすぐ全員で声かけ
3. 内野手はスピードが命、声とジェスチャーで指示

9人全員で声をかけあって守備陣の連携をはかる

守備において大切なことは、9人全員の連携がとれているかということ。攻撃時の打線と同じように、ひとりひとりのレベルがどんなに高くても内外野全体がまとまっていなければ、連係プレーのミスで進塁を許してしまったり、イージーフライをお見合いしてしまったりしてピンチを広げることになる。試合中はボールに集中するあまり、自分だけでは判断できないシチュエーションが多々ある。いつもの練習のときから野手同士で声をかけあってコミュニケーションをとっておくこと。

ほかのポジションの役割や動きを知っておくことで呼吸の合ったすばやい動きができるようになる。いつもついているポジションだけでなく、いくつかのポジションも練習しておくといい。

コツ1 動きを考えながら ほかのポジションを経験

　ポジションや打球によって当然動き方は変わってくる。練習時にほかのポジションを経験してみるときは、ケースバイケースでどんな動きをするかなど考えて練習に臨むこと。そうすることにより、いつものポジションを守っているときもほかの野手がどんな動きをするかがわかる。

コツ2 打球が飛んだらすぐ 全員で声かけ

　バッターがボールを打ったら、だれが捕るべき打球なのか全員が大きな声で指示するクセをつけておく。フライの場合、自分が捕るべきだと判断したら大きな声とジェスチャーでほかの野手にアピールすること。そうすることにより、ほかの野手もどういった動きをするべきか瞬時に判断できる。

コツ3 内野手はスピードが命 声とジェスチャーで指示

　内野手は特にスピードが肝心のため、捕ってからランナーなどの動きを見てから送球先を判断していては間に合わない。バント処理など一刻を争うような場面では、まわりからの送球先の指示が大切になってくる。声だけでなく、指さしなど大きなジェスチャーで指示しなければならない。

プラス1アドバイス

ピッチャーの投球前に 状況を確認しておく

　ランナーがいるときには、ピッチャーが投球を開始する前に野手同士で声を出して確認しておく。アウトカウントやランナーの位置、打球によって自分がどう動くかなど確認すべき点は多い。打球が飛んできてから判断したのでは遅かったというケースは多々ある。

ポイント32

ファーストの守備

送球の受け方をマスターする

CHECK POINT

1. 一塁ベースの位置を確認し、すぐにカバーに入る
2. ミットと逆足でベースを踏み、あくまで捕球を優先する
3. 捕球前には低く構え、ボールがきてから踏み出す

内野からの送球が多いため確実に捕球できること

内野ゴロのほとんどがファーストへ送球してアウトにするため、堅実な捕球技術を持っていなければならない。高い送球をキャッチしたり、からだを伸ばすことでいち早く捕球できたりすることから、身長の高い選手が適しているといえる。また、左利きだと、捕球した体勢からすぐに二塁や三塁に送球しやすいという利点もある。

バント処理も大切な役割になる。バントが考えられる状況になったら一塁ベースよりもやや前を守り、バッターがバントの構えをしたらすぐに前進ダッシュでボールを捕れるようにすること。アウトカウントやランナーの位置だけでなく、相手ベンチやバッターの動きをよく観察して予測しておくことで、迅速な動きができるようになる。

コツ1 一塁ベースの位置を確認しすぐにカバーに入る

ファースト以外に内野ゴロが飛んだときは、すぐに一塁ベースについて送球を受ける体勢に入らなければならない。守備位置によって、一塁ベースまでの距離や方向も変わってくるので、常にベースの位置を頭に入れておくこと。背走しながらでもベースにつけるよう、日ごろから練習しておくといい。

コツ2 ミットと逆足でベースを踏みあくまで捕球を優先する

内野からの送球を受けるときは、ミットを持っている側の足を伸ばして、逆側の足のツマサキでベースの角を踏むようにする。ボールがそれてしまったときはできるだけからだを伸ばし、捕球できない高さは、捕ってからベースを踏む。

コツ3 捕球前には低く構えボールがきてから踏み出す

送球を受ける際、早い段階でからだを伸ばしてしまうとボールがそれたときに対応できなくなってしまう。ゴロを捕った野手が送球に入るまでは、相手が投げやすいように声を出しながら低く構え、ボールが手元にきてから足を大きく踏み出して捕球するようにする。

プラス1アドバイス

勢いよく前に出てゴロを処理する

ファーストの場合、前へのダッシュ力も必要。特にバント処理では前進してゴロを捕球し、ベースカバーに送球する。これはピンチの芽をつむためにも大切なプレーであり、捕球専門のプレイヤーではつとまらない。

ポイント33

セカンドの守備

多くの役割を確実にこなす

CHECK POINT

1. 捕る直前からステップ開始、なるべく早く一塁に転送する
2. まわりを見渡しながらランナーの動きをチェック

セカンドは内野の中心 フットワークのよさが大切

セカンドは内野の中心を守る、最も守備範囲が広いポジション。左バッターが打った強い打球、右バッターが打ったボテボテのゴロや不規則な回転がかかった打球などさまざまな打球が飛んでくるので、軽快なフットワークが必要とされる。ほかにも一塁ランナーが盗塁したときのベースカバーや外野からの送球のカットマンなど役割が多い。

二遊間をセンターに抜けていくようなゴロを捕球したとき、サード方向にながれていくからだをストップしてから一塁に送球していたら間に合わない場合は、そのまま振り向きざまにジャンピングスローを試みるのが得策。ほかにも走りながら送球するランニングスローやトスなど、状況に合ったスローイングを身につけたい。

コツ 1 捕る直前からステップ開始 なるべく早く一塁に転送する

サード方向へのゴロでのダブルプレーは、セカンドが二塁ベースカバーに入るのが基本。受けるボールがそれていないことを確認したら、捕球直前に左足を前にステップし、ベースにつけていた右足を前に出しながら捕球する。そのまま右足を軸にしてすばやく一塁に転送する。

コツ 2 まわりを見渡しながら ランナーの動きをチェック

セカンドにはまわりを見渡せるような冷静な状況判断能力が求められる。バッターのスイングなどを見て外野手の守備位置を指示したり、特に重要なのは目の前にいる一塁ランナーの動きを観察したりすること。盗塁しそうな雰囲気があるときや帰塁のスピードが遅いときにはサインを出して内野手に伝える。

ポイント34

強弱の打球に対応する

サードの守備

バント処理がうまく速い打球を恐れない

バッターとの距離が一番近いサードには、右バッターが思いきり引っ張った強い打球が飛んでくる。そのため、ボールに向かっていくような闘争心とどんな打球にも反応できる反射神経が必要。**また、バントシフトのときは前進ダッシュで捕球し、ランナーの進塁を防ぐために素早い送球をしなければならない。**

セーフティーバントで狙われる確率も高い。バッターの動きや雰囲気を観察し、すぐに反応できるようにしておくこと。特に足が速い左バッターは要注意だ。

ツーアウト以外で三塁にランナーがいるときのサードゴロは、不用意に一塁へ送球してはならない。送球と同時に本塁突入の可能性があるため、一度ランナーを見て牽制してから送球することでランナーをくぎ付けにすることができる。

コツ1 サード前のゴロは回り込んで捕球する

サード前のボテボテのゴロやセーフティーバントで一塁に送球するときは、ボールに向かってまっすぐ前進してしまってはスローイングがスムーズにいかない。ライン際から回り込み、弧を描くようにしてボールの右側から捕球すると、そのままステップしてスローイングできる。

コツ2 送球は投げる方向にステップする

バント処理などでサード前の弱いゴロを送球するときは、捕球の直前に前進ダッシュをストップし、重心を残しながらやや半身で捕球体勢に入る。そのまま送球方向へステップしながら捕球すれば、スムーズに送球動作に入ることができる。

CHECK POINT

1. 三遊間のゴロからの遠投はオーバースローを使う
2. 4－6－3のゲッツーはショートの動きが重要

ポイント35

ショートの守備

内野の要としてプレーする

俊敏性と強い肩 セカンドとの連携も必須

深い位置を守るので処理する打球が多いため、フットワークや強い肩も必要になってくる。内野の華といわれるように、ダブルプレーや中継プレーなど、さまざまなプレーに関係してくる重要なポジションだ。特にダブルプレーや二塁盗塁のときなどにはセカンドと連携をとってすばやく対応するようにしたい。

レフト方向へ飛んだ打球は、ショートがカットマンになることが多い。大声で存在をアピールして外野からの返球を受けたら、すばやく適切な場所に送球できるような判断力もなくてはならない。

スローイングの使い分けも大切。遠くにボールを投げるオーバースローやすばやく投げるサイドスローなど、状況に応じた投げ方をしっかりとマスターすること。

コツ 1 三遊間のゴロからの遠投はオーバースローを使う

三遊間のゴロを処理するときの一歩目はクロスステップ。できるだけからだの正面でボールを捕ったら、しっかりと体勢を整えてからスローイングすること。軸足に重心をかけてタメをつくってからオーバースローで送球すると力強いボールが投げられるようになる。

コツ 2 4－6－3のゲッツーはショートの動きが重要

セカンドからの送球を受けてファーストへ転送するダブルプレーは、ショートがいかに素早い動作で一塁へ送球できるかがカギ。セカンドの動きに合わせてベースに入ったら、送球を受けながらベースの後方の角を踏みながら後方へステップし、一塁へスローイングする。

ポイント36

キャッチャーの守備

野手をまとめる司令塔

CHECK POINT

1. ピッチャーを盛りたてほかの野手を引っ張る
2. ショートバウンド投球は、からだに当てて前に落とす
3. 動作をすばやくしてワンステップで投げる

投球しやすいようにどっしりと構える

9人の野手の中で唯一反対方向を向いて構えるキャッチャーは、内外野をまとめる司令塔。ピッチャーが投げたボールを受けるのが主な仕事になるが、バント処理や盗塁阻止など守備面での役割も多い。

全体を大きく見せるようにどっしりと構えるとピッチャーが投げやすい。なるべくピッチャー寄りで、バッターのスイングでバットがミットに当たらない位置で構える。肩幅よりやや広めに足を開いて座ったら、すぐにスローイングに移れるようにカカトをあげて重心はツマサキにかけておく。ミットはからだの前で、捕球面をピッチャーに見せるようにして目標となる位置に置く。ファールチップなどが当たるのを避けるために反対側の手はからだのうしろに隠しておく。

コツ 1 ピッチャーを盛りたてほかの野手を引っ張る

キャッチャーで一番大きな仕事は、ピッチャーの投球をしっかりキャッチすることだ。いかにピッチャーが気持ち良く投げられるかは、キャッチングはもちろん、構えや配球を決めるサインなど多くの技術や経験を必要とする。ピッチャーやほかの野手が全幅の信頼を置けるキャッチャーを目指そう。

コツ 2 ショートバウンド投球はからだに当てて前に落とす

ホームベースより手前でバウンドする投球は、最悪でもからだの前に落とすのがキャッチャーの使命。正面のボールは両ヒザを落とし、股間を抜けないような位置にミットを持っていく。左右のボールは肩を内側に入れてからだをナナメにして受け、ホームベース方向にボールを落とすようにする。

コツ 3 動作をすばやくしてワンステップで投げる

ランナーの動きによって各塁に送球をするときは、捕球と同時にはスローイングの体勢に入っていなければならない。すばやい動作が求められるため、振りかぶった腕は後ろに引きすぎずに耳のあたりに持っていく。前足は送球方向へワンステップで踏み出し、オーバースローで投げるようにする。

プラス1アドバイス

サインはピッチャーに見やすく相手には見えないように

ピッチャーに投げさせるボールのコースや球種をサインで伝えるのはキャッチャーの仕事。投球前に両フトモモの間付近で、ピッチャーに見えやすいようにサインを出す。当然バッターや相手ベンチに見えてしまってはいけないので、注意しながらサインを出すこと。

ポイント37

ピッチャーの守備

投球後の守備に備える

CHECK POINT

1. バント処理はステップしながら捕球
2. キャッチャーが後逸したら全力でホームへダッシュ

バッターに投球後には野手としての役割をもつ

ピッチャーはバッターに対して投げることだけが仕事ではない。打球の処理やベースカバー、バックアップなどやるべきことは多い。ピッチャー兼内野手であるくらいの気持ちを持って、投げ終わったらすぐに動き出せる体勢をとらなければならない。

ファーストやセカンドへのゴロは、捕った位置によってはピッチャーが一塁ベースカバーに入らなければならない。一塁方向に打球が飛んだときは無条件に打球の方向に動くようにする。

バント処理はピッチャーの重要な役割。不意をつかれてしまうと処理が遅くなってしまうので、バントが考えられる状況では、バッターやベンチの様子をうかがってすばやい対応ができるようにしておく。

コツ1 バント処理はステップしながら捕球

投球後は足を平行にして構え、相手がバントをしてきたら、転がった方向と逆の足からクロスステップでスタートする。ステップしながら捕球するようにし、キャッチャーや周りの野手の指示に従って速やかに送球する。捕球する前にランナーに目をやってしまうとファンブルの原因になる。

コツ2 キャッチャーが後逸したら全力でホームへダッシュ

ランナーがスコアリングポジションにいるときに、キャッチャーが投球をうしろにそらしてしまったら、ピッチャーは全力でホームのベースカバーに向かわなければならない。ベースをまたぐようにして、キャッチャーからの送球を受けたらすぐにランナーにタッチできるようにしておく。

ポイント38

レフトの守備

手堅いプレーで進塁を防ぐ

堅実なゴロ捕球とフットワークが必要

レフトへの打球は、右バッターが思いきり引っ張った強い打球が多い。そのため、前後左右に動けるフットワークや、堅実なゴロ捕球技術が必要になってくる。一塁にランナーがいる場合、ゴロで抜けてきた速い打球にはダッシュで近づいて捕球し、二塁封殺を狙ってみる価値はある。サードとショートの間を守る内野手のような気持ちでいるといい。

サードが前進したときの三塁ベースカバーや、二塁または三塁への送球時のバックアップの役割もある。特にバックアップを怠ると、送球がそれたときにランナー一掃の大量得点になってしまうので面倒に思わず毎回行うこと。

左バッターが打った打球はライン寄りに流れていくので注意しよう。

ポイント39

センターの守備

二塁ベースも念頭に置く

守備範囲が広いセンターは俊足強肩が望ましい

外野の中心を守ることになるセンターは、担当する守備範囲が一番広い。そのため、足が速くどんな打球にも追いつけるような選手が適しているといえる。また、自分の守備範囲だけでなく、レフトやライトへの打球でも全力でバックアップに行くことも忘れずに。二塁ランナーや三塁ランナーのタッチアップがあるので、肩の強い選手でなければならない。

バントシフトの際には、セカンドとショートは空いている一塁と三塁のベースカバーに向かうため、二塁ベースカバーは基本的にセンターが入ることになる。ランナーの状況なども頭に入れ、常に二塁ベースを意識しておくこと。

ポイント40

ライトの守備

ライトは内野手のひとり

バックサードやライトゴロ強肩でなければならない

守備の苦手な選手がライトを守るというのは大きな間違いで、ライトには難しい打球が多い。右バッターが打ったライトへの打球はライン寄りに流れていくため、ライナーやフライは特に捕球が難しくなる。あらかじめ変化する方向を予測し、ボールの左側から捕球の体勢に入るようにしたい。

タッチアップ時のバックホームはもちろん、ゴロやフライからのバックサードは強肩の見せどころ。メジャーリーガーのイチロー選手のようなレーザービームでランナー刺殺を狙いたい。

ライトゴロは常に頭に入れておくこと。外野手ではあるものの、ゴロが飛んできたら内野手と同じような感覚で捕球態勢に入りたい。内野ゴロからファーストへの送球のバックアップもライトの大切な仕事だ。

PART 6 機動力で得点をアップする

ポイント41

隙のない走塁をする

走塁の重要性

CHECK POINT

1. 走塁の基本であるベースランニングを身につける
2. ギリギリのタイミングでは得意なスライディングを使う
3. 的確なタイミングでスタートを切る

走塁に調子は関係ない 確かな技術を身につける

バッターはフェアグランドへ打球を打った時点でバッターランナーになる。ゴロの場合、相手の野手が捕球して一塁へ送球するよりも先に一塁ベースに到達できれば一塁ランナーになる。二塁ベース、三塁ベースを経由して本塁に帰ってくることができれば得点が記録され、これらベースを回るにはベースランニングやスティール、スライディングなどの技術が必要になる。

走塁は攻撃において大きな武器だ。走塁にはスランプがないので、確かな走塁技術を身につければ、相手にダメージを与えることができるのだ。ランナーになったら自分の役割を意識することが大切。また、効率のいいスティールやスライディングの仕方をマスターして得点力をアップしよう。

コツ 1 走塁の基本であるベースランニングを身につける

ダイヤモンドを速く回るようにするには、効率のいい走り方をしなければならない。次の塁に向かうときには、ベースの前から少しだけ外側に膨らむようにしたコース取りが必要。ベースを踏むのはどちらの足でも構わないが、左足で踏むようにすると重心が内側に傾いて回りやすくなる。

コツ 2 ギリギリのタイミングでは得意なスライディングを使う

各塁に到達したとき、余裕があればすべりこむ必要はないが、そうでない場合にはスピードを落とさずにすべり込まなければならない。スライディングの方法はいくつかあるので、得意なやり方をマスターして実戦で生かしたい。野手のグラブの位置などを見て、ボールとは反対方向にすべり込む。

コツ 3 的確なタイミングでスタートを切る

ピッチャーの投球前にリードすることができないソフトボールでは、いかに早くスタートを切れるかが重要なポイントとなる。ベース上での構えは、軸足を前にするパターンや後ろにするパターンなどいくつかあるので、自分のスタートしやすい構え方を覚えてすばやいスタートを切れるようにする。

プラス1アドバイス

足を絡めた戦術を駆使する

9人全員が効率のいいベースランニングやスライディングをマスターすることで、得点力は大幅にアップする。さらに通常のスティールや相手の隙をつくスティールを織り交ぜて戦術の幅を広げたい。スランプのない機動力は相手にとって脅威になるはずだ。

ポイント42

ベースランニング

積極的に次の塁を狙う

CHECK POINT

1. 一直線に一塁に走ったらファールゾーンへかけぬける
2. 二塁に向かうときはからだを傾けてベースを踏む
3. 低い姿勢からスタートしトップスピードにあげる

状況を常に考えながら効率のいい走塁をする

バッターが打ったら一塁へ走りだす。二・三塁を回って本塁へ帰ってくることが走塁における基本動作となる。ただやみくもに速く走ればいいというものではなく、ほかのランナーやアウトカウント、ボールの位置などの状況を常に頭に入れてミスがないように走塁しなければならない。また、相手のミスやスキがあれば、いつでも次の塁を狙うという気持ちをもって、積極的な姿勢を示すことも大切だ。

ベースランニングでは、最短距離でムダのないコースを走るのが基本。走るコースやからだの使い方を考えながら繰り返し練習し、実戦で戸惑うことがないようにしたい。タイミング的にアウトだと思っても最後まであきらめず、いつでも全力疾走を怠らないようにすること。

コツ1 一直線に一塁に走ったらファールゾーンへかけぬける

内野ゴロなどを打ったときは、一塁ベースをかけぬけることになる。ファールラインの外側を一塁に向かって一直線に走ったら、ベースの外側を踏んでそのままファールゾーンへ走りぬける。できるだけ左足で踏むようにすると、ファーストとの接触を避けることができる。

コツ2 二塁に向かうときはからだを傾けてベースを踏む

バッターが打った打球が外野をぬけて長打になりそうなときは、スムーズに二塁へ向かえるようにまわりこんで一塁を踏む。ポイントは、一塁の少し手前から外側にふくらむようにして、ベースを踏むときはからだを内側に傾けるようにすると最短ラインを走りやすくなる。

コツ3 低い姿勢からスタートしトップスピードにあげる

ピッチャーの手からボールが離れてリードをとったら、打球を見て次の塁へ向かうことになる。スタートは歩幅を狭くして体勢を低くし、ある程度スピードがのってきたら上体を起こすようにする。上体を早く起こし過ぎてしまうとスピードがつきづらくなってしまう。

プラス1アドバイス

トップスピードを維持しつつタイミングをみてスライディングする

低い姿勢からスタートしてトップスピードに到達したら、そのスピードを維持しながら次の塁へ向かう。野手からの返球があり、タイミング的にすべり込む必要がある場合には、維持してきたスピードを落とさないようにしてスライディングする。

ポイント43

スライディング①

すべり込んだあと立ち上がる

CHECK POINT
1. 上体を起こしてすべり、ヒザを伸ばしながら立つ
2. スピードとベースへの距離を考えてスライディングする

スピードを落とさずに ボールと逆方向にすべる

スライディングは、各塁に到達したときにすべり込むようにしてベースタッチする走塁技術。駆け抜けることができない一塁以外で、**駆け込んできたスピードを落とさずにタッチアウトを避けたり、オーバーランを避けたりするために使う。**

スライディングの仕方はさまざまだが、基本はボールが送られてきた方向と反対側のベースの角を足または手で触れるようにする。いくつかマスターし、状況に応じて使い分けるようにしたい。まずは踏み切りが小さくてスピードが落ちにくいフィート・ファースト・スライドがあるが、実践的なすべり込んだあとにすぐに立ち上がれるようにするポップ・アップ・スライドを練習してみよう。いずれも、曲げた足をもう片方の伸ばした足の下に入れてすべる方法だ。

コツ 1 上体を起こしてすべりヒザを伸ばしながら立つ

ポップ・アップ・スライドは、ベースの2m手前くらいからスライディングの体勢に入る。上体を寝かせないようにすべり、伸ばしている足がベースに到達した反動を利用してもう片方の足の曲げているヒザを伸ばすようにして立ち上がる。すぐにボールのありかを確認し、スキあらば次の塁を狙う。

コツ 2 スピードとベースへの距離を考えてスライディングする

スライディングを行う位置は、ベースからほどよい距離で行うこと。ベースから近すぎるとうまくすべることができずに、自分だけでなく相手をケガさせてしまう恐れもある。遠い位置からすべりだしてしまうとベースに到達するころにはスピードが落ちてしまったり、届かなかったりするので注意。

ポイント44

タッチを避けながらすべる

スライディング②

CHECK POINT

1. 大きく股を開いたら足首をベースに引っかける
2. 大きくまわりこんだら倒れ込みながら手を伸ばす
3. ケガに注意して練習をしっかり行う

相手の動きを観察してボールと逆方向にすべる

ボールが送られてくる塁にすべりこむことになるスライディングは、相手野手からのタッチをかいくぐるという役割も大いにある。ボールが送られてきた方向や野手の動きを見て瞬時に判断し、ベストのスライディング方法でベストの位置にすべりこむようにしたい。

タッチを避けるためには、当然ボールから遠い位置にすべり込む必要がある。フック・スライドは、からだ全体はベースから遠い位置にすべり込み、大きく伸ばした片足の足首をベースに引っかけるようにしてすべる。本塁上のクロスプレーなどで、タイミング的に完全にアウトだと判断したときはあきらめずにまわりこみスライドを試みてみる。大きくまわりこむようにしてギリギリセーフを狙いたい。

コツ 1

大きく股を開いたら足首をベースに引っかける

フック・スライドは、ボールや野手の動きを見て、送球の方向と反対側にからだを傾けながらスライディングの準備に入る。送球方向と逆の足をベースのナナメ前方に投げ出すようにしてすべりこむ。大きく股を広げてベース側の足のヒザを曲げ、ベースの角に足首を引っかける。

コツ 2

大きくまわりこんだら倒れ込みながら手を伸ばす

まわりこみスライドは、送球とは逆方向に大きくまわりこむ。そして、からだをベース側に傾けながら腰を落としたら、相手のタッチを避けながら倒れ込むようにし、手を伸ばしてベースに触れるようにする。本塁は一度タッチしたら離してもよいが、それ以外の塁は勢い余って離れないように注意。

コツ 3

ケガに注意して練習をしっかり行う

スライディングはケガをしやすいプレーだ。フック・スライドは、全力で走ってきたスピードを殺さないまま大きく股を開くことになるので、股関節やヒザをケガしやすい。しっかり練習を積んでから実戦で使うようにしたい。

プラス 1 アドバイス

ヘッドスライディングは手のひらでベースタッチ

頭からすべり込んで手でベースタッチするヘッドスライディングは、なるべく低い体勢から胸ですべるようにする。ベースタッチは指先からいかずに手のひらでタッチするようにすること。ガッツあふれるプレーでチームを活気づける効果もあるが、ケガをしやすいので多用は厳禁。

ポイント 45

離塁とスティール

ベースを蹴ってスタートする

CHECK POINT

❶ スティールスタート後はある程度前傾姿勢を保つ

ベースを蹴って走り出す スタートのタイミングが重要

ソフトボールでのランナーは、バッターに対して投げたボールがピッチャーの手を離れる前に塁を離れてはいけない。それに違反してしまうとランナーはアウトになってしまう。いかに早くスタートを切って、効率よくスピードにのれるかどうかがポイントになる。

塁上での構え方はいくつかあるが、ベースに足をかけて力強いスタートが切れるような体勢で待つ。ピッチャーが投球動作に入ったら始動し、ボールが手から離れるのと同時にスタートする。

基本は自分のスタートしやすい構えでいいが、蹴りだす軸足を前にして進塁方向側のベースを踏む方法と後ろ足でベースを踏んで先の塁に一歩でも近くでスタートを切る方法がある。

プラス 1 アドバイス

ピッチャーの配球を読んで変化球のときに仕掛ける

足が速いランナーでもスティールを成功させるのは困難だ。キャッチャーの肩の強さや内野の動きを見るだけでなく、ピッチャーの配球を読んで次の球種を予測することで成功率を上げることができる。変化球を捕った後にはキャッチャーはすぐに送球に移れないのでスティールのチャンスとなる。

コツ 1 スティールスタート後はある程度前傾姿勢を保つ

スティールをする場合には、ベースを蹴ってスタートしたらそのまま次の塁へ向かうことになる。その際、3歩目くらいに一度バッター方向に目を向けてボールの位置を確認し、フライがあがったらすぐに戻るようにすること。からだを早く起こし過ぎてしまうとスピードにのれなくなる。

ポイント46

相手のスキをつくスティール

ダブルスティールとディレイドスティール

CHECK POINT

1. 一・二塁のダブルスティールは同時にスタート
2. キャッチャーがピッチャーへ返球する瞬間に走る

さらに難しいスティールでチャンスを大幅に広げる

二人のランナーが次の塁を狙って走ることをダブルスティールという。ランナー一・二塁や一・三塁、場面で試みることになるが、ただでさえスティールは成功させづらいので、よほど呼吸を合わせないと二人が進塁できるのは難しい。日ごろから選手同士でサインを決めたりコミュニケーションをとったりしておくとよい。

ディレイドとは「遅れた」という意味があり、通常のスティールよりもタイミングを遅らせて走ることをディレイドスティールという。走り出すタイミングもいくつかあり、相手のスキをつく作戦なので、成功させたときに相手に与える心理的ダメージも大きい。

コツ1 一・二塁のダブルスティールは同時にスタート

ランナー一・二塁のときのダブルスティールは二人が同時にスタートを切ればいい。一・三塁のときはさきに一塁ランナーがスタートを切り、キャッチャーが二塁へ送球するタイミングで三塁ランナーが本塁へ突入する作戦もある。このとき野手が送球をカットする場合もあるので注意する。

コツ2 キャッチャーがピッチャーへ返球する瞬間に走る

野手は投球直後にはランナーを警戒していることが多いが、そのあとに一瞬のスキが生まれることがある。そこで、投球が終わってキャッチャーがピッチャーにボールを返す瞬間に走り出すことで、二塁カバーが遅れたりあわてたキャッチャーが悪送球したりすることがある。

ポイント47

練習最後にベースランニングを行う

木更津総合の走塁練習

4グループに分かれてリレーする

木更津総合ソフト部では練習の最後にリレー形式のベースランニングを行う。全選手を４つのグループに分け、ホームベースから一塁、二塁、三塁それぞれに位置して同時にスタートする。ピッチャーマウンドにボールなどを置き、アンカーが到達した順番で勝敗を決める。負けたチームには軽い筋力トレーニングを課すなど、ゲーム的な要素を取り入れることでグループ間での対抗意識だけでなく、チーム全体の一体感も養う。

PART 7 コンディショニング・トレーニング

コンディショニング

ケガをしにくいからだをつくる

CHECK POINT
1. ケガ防止と疲労回復のためストレッチを行う
2. ペアストレッチで入念に筋肉をほぐす
3. ペアトレーニングで妥協なく取り組む

ストレッチでケガを防止して筋トレで体幹を鍛える

筋肉を伸ばすためのストレッチは、体の柔軟性を高め、ケガを予防するためにも大切である。筋肉が和らぐことで、自分の思い通りに体を動かせるようになる。また、練習前にウォーミングアップを行うことで体が温まり、練習後のクールダウンでは、ゆっくりと体の熱を下げて疲労回復を早める効果がある。

また、ソフトボールの上達には体幹とインナーマッスルを鍛えることが必要になる。特に体幹は胴体部分の筋肉のことで、これを鍛えることで動作がスムーズになり、パフォーマンスが向上する。ピッチングやバッティングでは腕や足の力よりも、それを支える体幹の筋力がカギを握る。

コツ 1 ケガ防止と疲労回復のためストレッチを行う

一日の練習メニューにストレッチを組み込むことは重要。始めにウォーミングアップを行うことで、柔軟性が高まりケガの予防になる。同時に血行がよくなり体が温まる。また、練習が終わったらすぐに体の動きを止めるのではなく、翌日に疲れを残さないためにも入念にストレッチを行おう。

コツ 2 ペアストレッチで入念に筋肉をほぐす

一人で行う通常のストレッチに加えて、二人で行う「ペアストレッチ」を行うとより高い効果が得られる。ペアの相手に負荷をかけてもらうことで、自分ひとりでは伸ばしきれない筋肉をまんべんなく伸ばすことができる。相手の力を借りて、筋肉をベストコンディションに調整しよう。

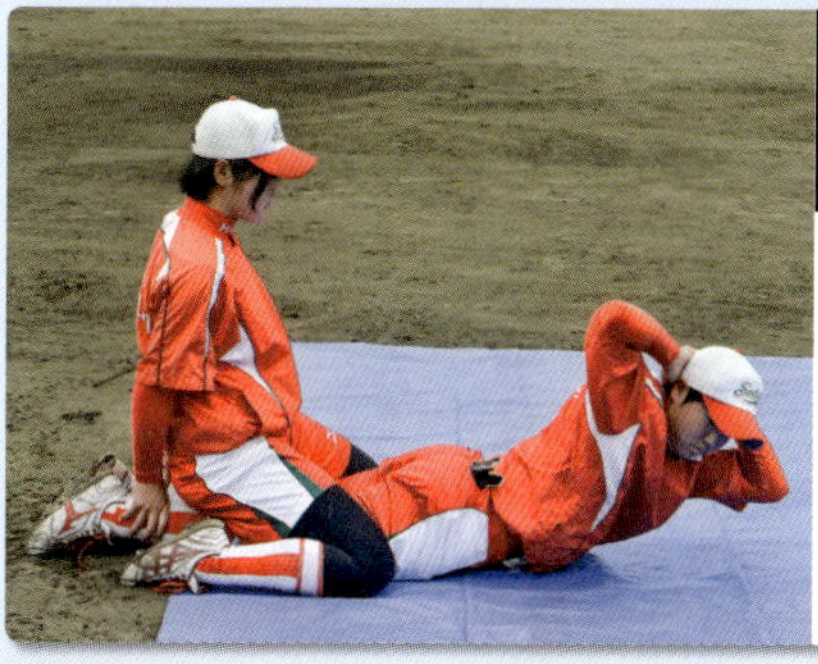

コツ 3 ペアトレーニングで妥協なく取り組む

ペアストレッチと同様、トレーニングもペアで行うと一人では得られない効果が期待できる。ペアで行えばトレーニング用の道具を使わなくても、相手がかけてくれる負荷により、しっかり体幹を鍛えることができる。また、相手がいることで自分にも相手にも厳しくなり、妥協をせず取り組める。

プラス1アドバイス

選手の些細な不調も指導者は見逃さないこと

試合が近づくと、出場したい気持ちからケガを隠そうとする選手がいる。ケガや不調を抱えたまま試合に出ることは、選手生命に支障をきたす恐れがある。指導者は、日々の練習で選手一人ひとりの動きをよく見て、どんな些細なコンディションの低下も見逃さないよう注意する。

ポイント 49

ストレッチ

練習前後にストレッチをする

両足を前に伸ばして座り、足先にタッチし、フクラハギからモモ裏を伸ばす。
＜30 秒　2～3 回程度＞

足を開いて座り、上半身を片足側に倒して腹斜筋などを伸ばす、次に体を前に倒し、最後は足裏を合わせて体を前に倒して股関節まわりをストレッチする。
＜各 30 秒　2～3 回程度＞

モモ表を入念にストレッチする

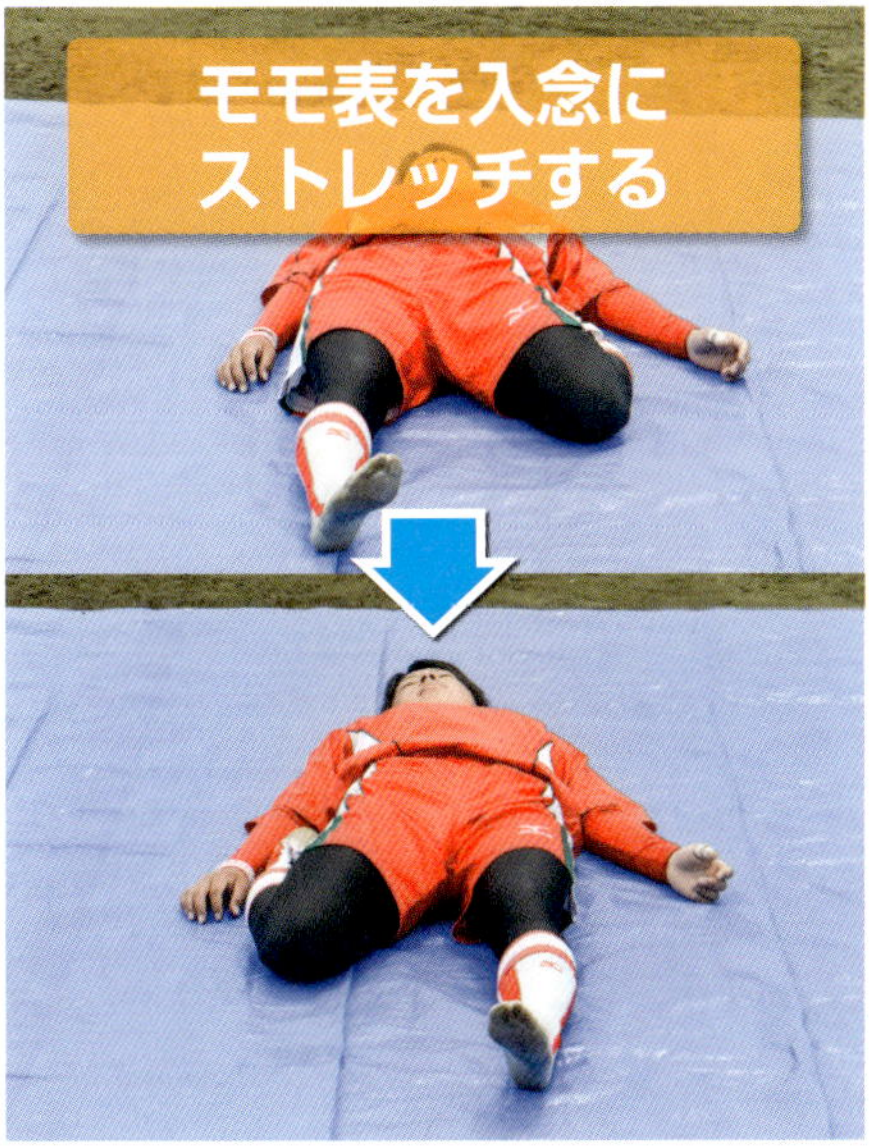

片足を前方に伸ばし、片足を曲げて体を後ろに倒し、曲げている方のモモ表を伸ばす。

＜30秒　左右2～3回程度＞

腰まわりの筋肉をストレッチする

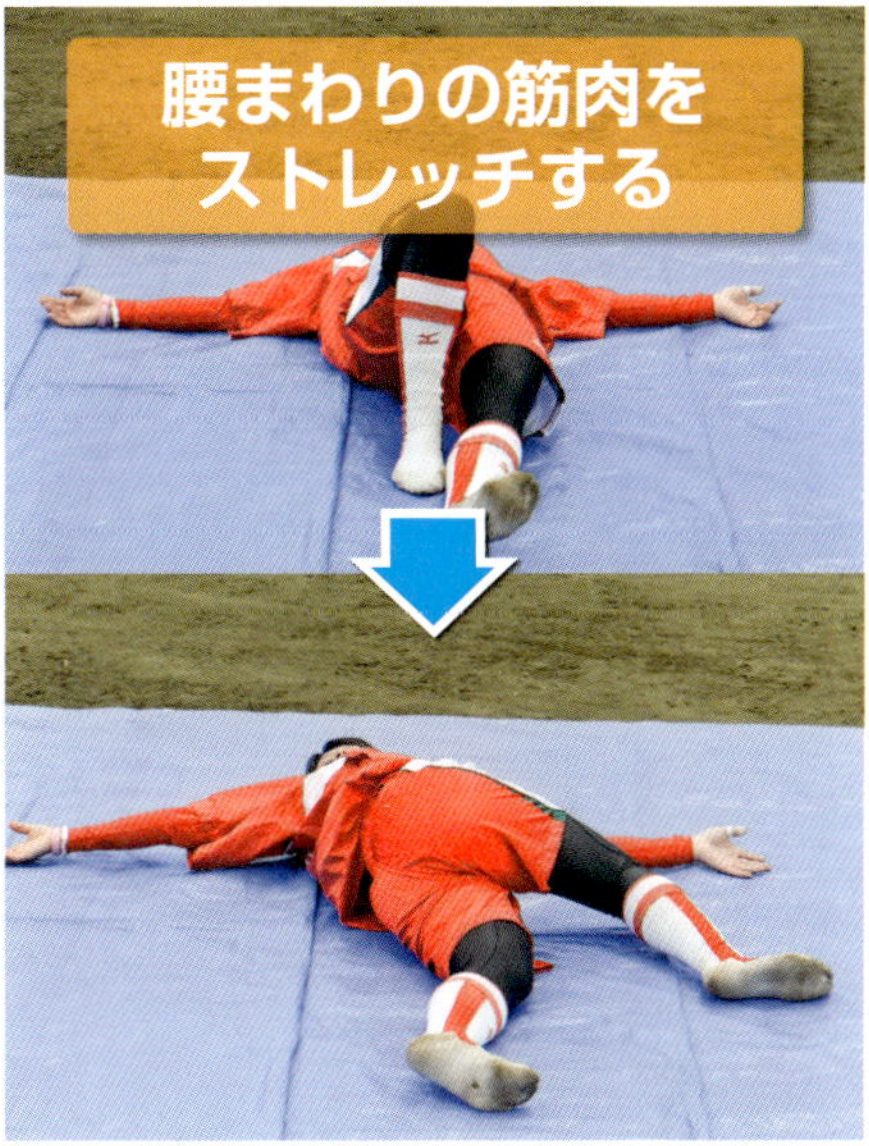

片ヒザを立て両手を広げて横になる。ヒザを立てている側の足を反対側に倒して、腰まわりを伸ばす。このとき肩は床から離さない。

＜30秒　左右2～3回程度＞

プラス1アドバイス

ペアでストレッチをするとさらに効果アップ

練習や試合での急激な動作でケガをしないためにも、ストレッチでしっかりほぐしておこう。ときには一連のストレッチをペアで行うことで、より入念なストレッチができるようになる。

腰や背中をストレッチする

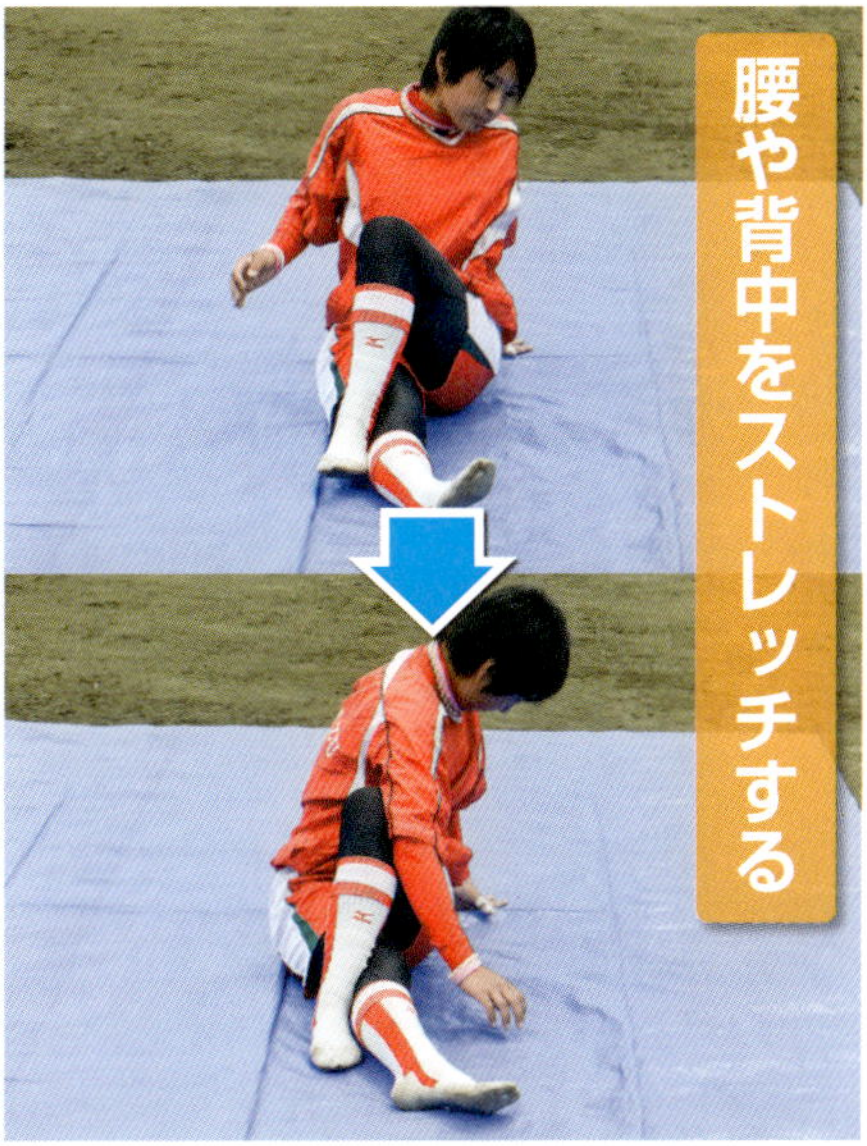

片足を伸ばして座り、ヒザを曲げて両足を交差する。曲げているヒザにヒジを当てながら腰をまわす。

＜30秒　左右2～3回程度＞

ポイント50

筋力トレーニング

練習後に筋力トレーニングをする

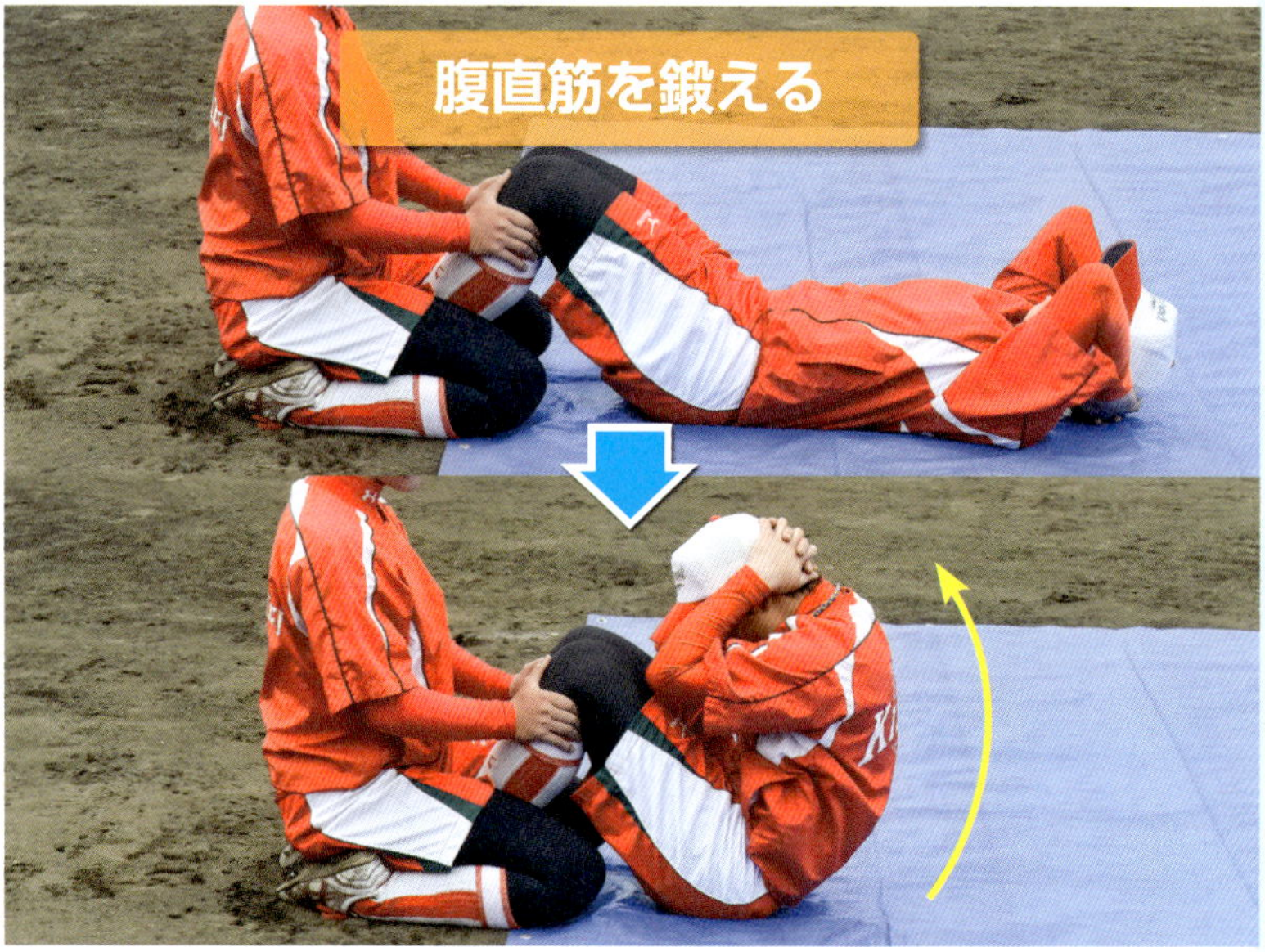

ヒザを曲げて横になり、足が動かないようにペアに持ってもらう。体をゆっくり起こしたら、同様のスピードで体を戻す。このとき背中は床につけないよう目標回数を行う。同様の体勢から体をひねりながら起こすと腹斜筋も鍛えられる。

<各 20 ～ 30 回程度>

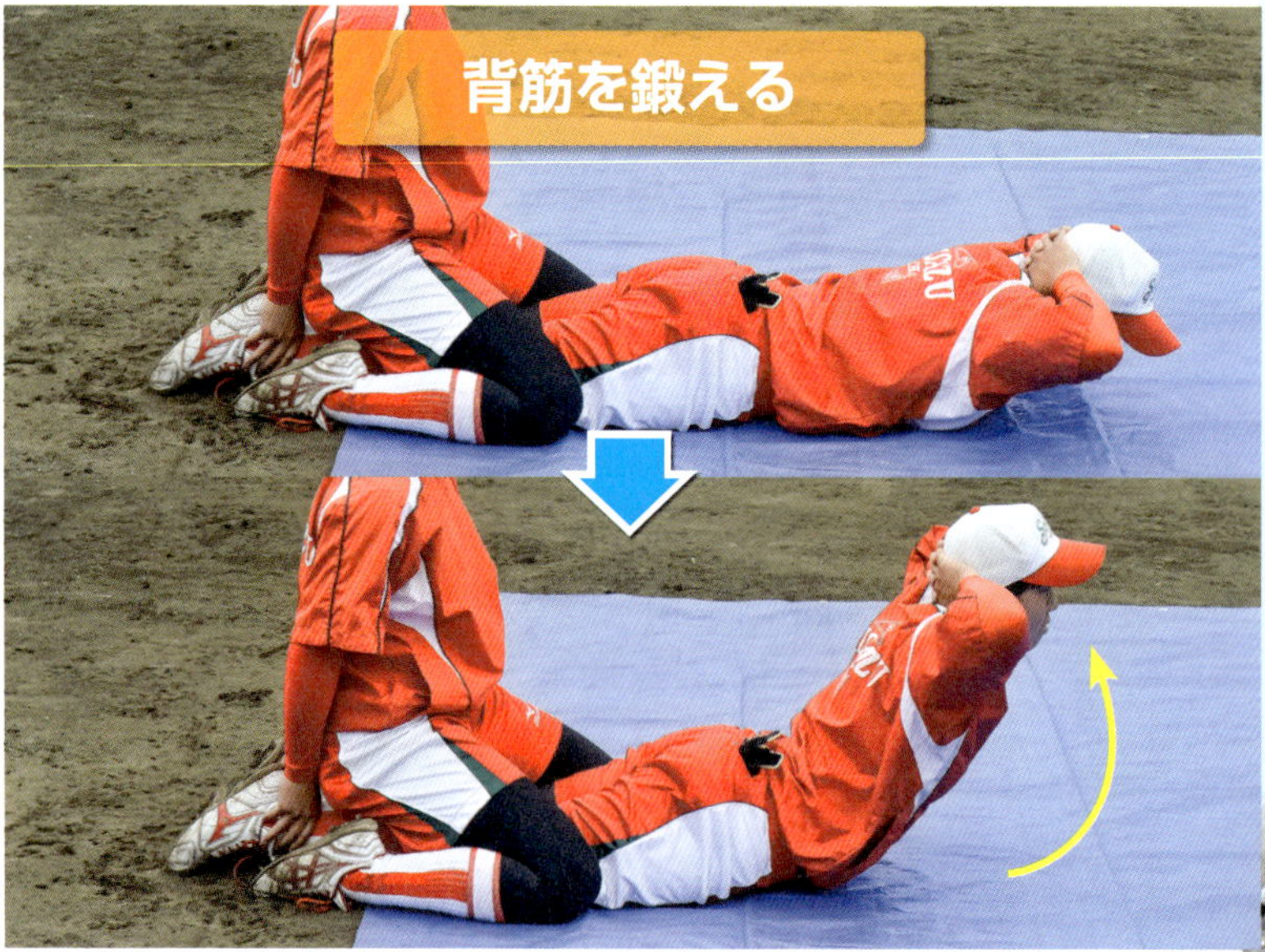

うつ伏せになり、両手を頭の後ろで組んでスタンバイし、足が動かないようにペアに持ってもらう。体をゆっくり起こしたら、同様のスピードで体を戻す。腰を傷めないよう注意し、目標回数を行う。

< 10 ～ 20 回程度>

背筋や広背筋を鍛える

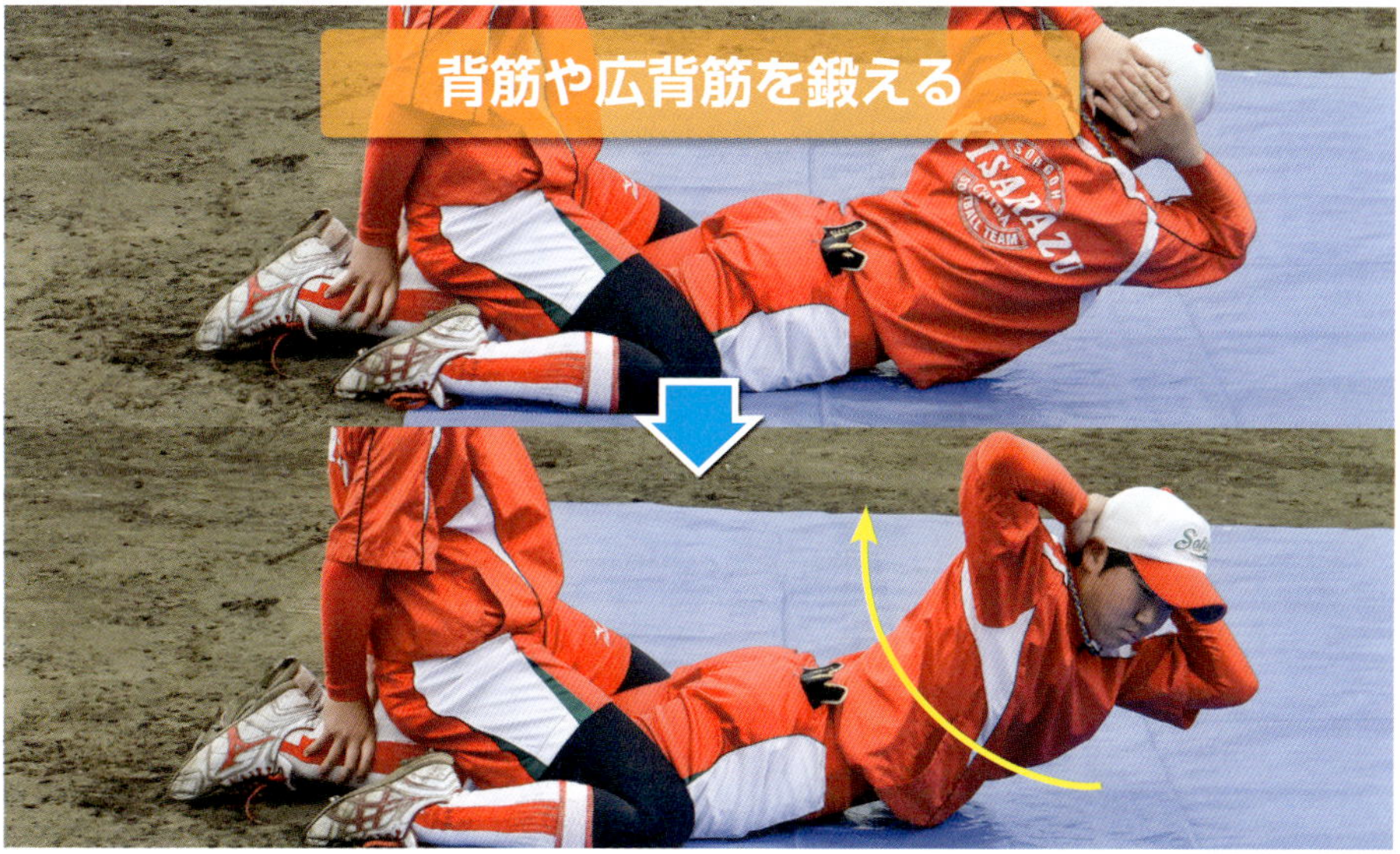

うつ伏せになり、両手を頭の後ろで組んでスタンバイし、足が動かないようにペアに持ってもらう。体を片側にひねりながら起こしたら、一旦戻って、今度は反対側にひねって体を起こす。
＜10～20回程度＞

プラス1アドバイス

練習最後にはバーベルで筋力トレーニングを行う

ボールを使った練習が終わったら、バーベルなどの器具を使った筋力トレーニングも行なう。種目はベンチプレスやスクワットなど。重さや回数は選手の筋力によって調整する。

ペアの力を使って腹直筋を鍛える

足をあげてスタンバイし、ペアの足を持って上半身を固定する。ペアが足を押し離したら、反動を使って足を伸ばす。このとき足は床につけず、そのまま足を最初の位置まで戻し、再度ペアに押し戻してもらう。これを目標回数まで続ける。
＜20～30回程度＞

ソフトボール部Q&A

ソフトボールを続けて行くと、プレーや技術のほかに道具やルールなど、ちょっとした疑問が出てくるはずだ。疑問はそのままにせず、先輩や顧問の先生に聞いてみよう！ここではソフトボールに関する疑問の一部を紹介する。

Q1 試合中は帽子をかぶってもかぶらなくてもよい？

A1 女子選手の場合はどちらでもよくサンバイザーなども可

オフィシャルルールでは、男子選手はチーム全員が同一・同デザインの帽子をかぶらなければならない。女子選手においては、帽子、ヘッドバンド、サンバイザーを着用したりとチームでそろえる必要はなく、無帽でのプレーも可能。ただし、キャッチャー用とバッター用は危険防止のため男女問わずかぶらなければならない。髪の毛が長すぎるとプレーの妨げになるので、まとめて縛るなどするとい い。

Q2 男女混合チームの場合女子のみショートパンツ着用は可能？

A2 男女混合チームでもユニフォームはそろえなければダメ

ユニフォームは同色・同意匠でそろえなければならないため、ズボンの選手とショートパンツの選手が混ざっていてはルール違反となってしまう。また、ベルトやストッキングもユニフォームの一部となるため、色やデザインはそろっていなければならない。スパイクは基本となる色がそろっていれば、ワンポイントやラインの色が多少違っていても問題ないとされている。

Q3 自分に合ったバットを選ぶにはどうしたらいい？

A3 自分のタイプによってミドルバランスかトップバランスを選ぶ

バットの長さや重さが同じ場合、重心が先の方にあるトップバランスより、中心寄りにあるミドルバランスの方が芯も広くバットコントロールがしやすい。スイングスピードが速くて力のある長距離バッターは、トップバランスの方が飛距離はでやすくなる。ヒットをたくさん打ちたい中距離バッターはミドルバランスを選ぶといい。振ってみて重く感じるようではまともなスイングができない。

Q4
グラブの色や種類はどんなものを使ってもいい？

A4
ミットはキャッチャーとファーストだけ ピッチャーは色も制限

ミットを使っていいのは捕球する機会が多いキャッチャーとファーストのみ。基本的にはどんな色のグラブを使ってもいいが、ピッチャーはバッターからボールが見えづらくなるのを避けるため、紐を含めた色が白か灰色以外の一色でなければならない。内野手は軽くてポケットが浅く、外野手は大きくてタテ長のものを選ぶとポジション別の用途に合っている。

Q5
一塁ベースはどうして白とオレンジ2つあるのか？

A5
選手同士の接触を避けるためにダブルベースを使う

塁間の狭いソフトボールでは、一塁ベース上でのクロスプレーが多くなりがち。そのため、バッターランナーとファーストとの接触を避けるためにファールラインの内側と外側に2つのベースを設けている。基本的には、野手は内側の白いベースを使い、バッターランナーが一塁をかけぬけるときには外側のオレンジベースを使うことになる。ルールをしっかり確認して混同しないようにすること。

Q6

ファールライン上にボールがあるときはフェア？　ファール？

A6

ボールの中心部分がどこにあるかではなくファールラインに触れているかどうか

バッターの打ったボールが内野のファールライン上に止まったときは、例えボールの中心がファールゾーン寄りにあったとしてもフェアの打球になる。同様に、フライやライナーが外野のファールライン上でバウンドしたときは、ボールが少しでもラインに触れていればフェアの打球となる。

Q7

素振りをしたとき手のひらのマメはどこにできるべき？

A7

バットを引く側の手の小指と薬指のあたりにできるのが望ましい

引き手（右バッターなら左手、左バッターなら右手）の小指の付け根の下あたりから薬指の第三関節あたりにできるのがいいとされていて、あまりにも違う部分にできるようならスイングを再確認してみる必要がある。グリップの下側に力を入れるようにして、あとは軽く包み込むようにして握る。バットが最短距離を通るようにスイングすることが大切だ。

※ルールやユニフォームの規定は大会によって異なる。

STAFF

編　　　集　株式会社ギグ
カメラマン　柳太、曽田英介
デザインDTP　都澤昇
執　　　筆　石川聡

撮影協力　**木更津総合高等学校**

2003年4月に、40年の歴史をもつ木更津中央高等学校と30年の歴史をもつ清和女子短期大学附属高等学校の統合により設立される。「真心教育」を教育理念として掲げ、社会で活躍できる人材を育成している。体育系部活動は県内に留まらず、関東から全国レベルへと活躍の場を広げている。

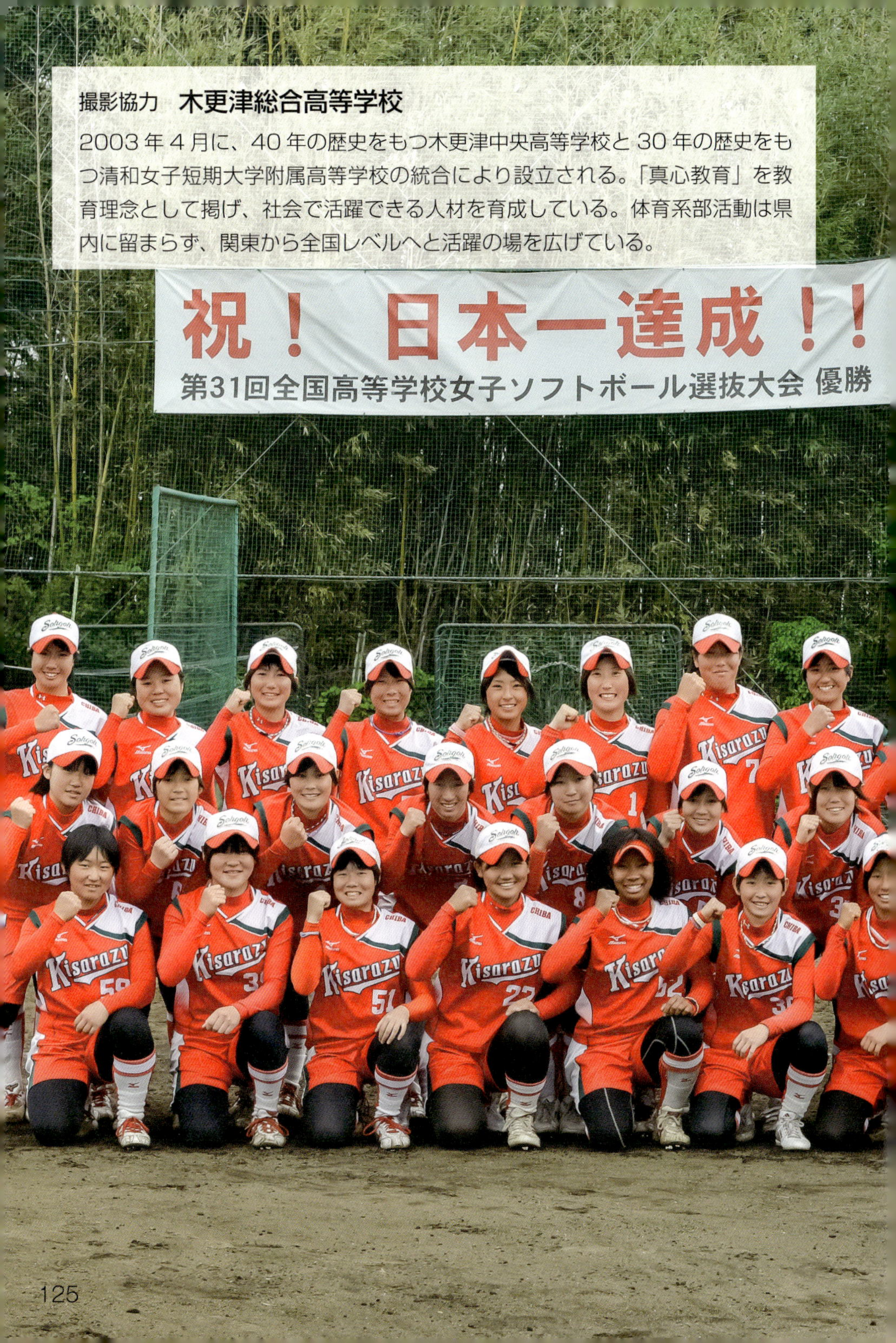

おわりに

私は長い間ソフトボールに携わり、その魅力を感じてきました。そのなかで、これまでにいくつか書籍監修等の依頼がありましたが、自分はまだその立場でないと思い、お断りをしてきました。しかし、現在のソフトボールの状況を考えると、愛好者の拡大に向け、より一層の普及振興や促進活動が必要だと痛感するようになりました。そんな折、今回の書籍監修の話があり、今一番の役割だと思い引き受けました。今まで培ってきた自分の知識や技術を一人でも多くの人に伝え、ソフトボールの面白さを知って欲しいです。本書は技術面だけでなく、集団競技で育まれる精神面の向上等、人間性を高める要素も含んだ内容になっています。学生の方だけでなく、指導者の方にもご一読して頂きソフトボールが持つ楽しさや達成感、充実感を味わえる一助となれば幸いです。

最後に、本書の撮影日に私のソフトボール人生を支えてくれた父が、遠い空の彼方へ旅立ちました。感謝の思いを胸にし、これからもグラウンドに立ち続けたいと思います。